Ce livre appartient à :

....

....

....

Anne-Marie Gaignard

HUGO
et les rois
Être et Avoir

Illustrations de François Saint Remy

Préface

– Initier le plaisir à l'apprentissage –

Anne-Marie Gaignard transmet avec émotion l'itinéraire des naufragés de l'orthographe et nous propose ici un réconfortant parcours de réparation.

À la rencontre des rois Être et Avoir, Hugo, jeune héros de ce conte à la fois poétique et grammatical, va relever un par un une succession de défis pour éviter les quolibets de son voisin de classe. Progressivement, il va reprendre confiance en lui et s'affirmer au travers d'une activité ludique, grâce à un entourage rassurant, empathique, féerique.

L'auteur nous plonge ici dans notre propre passé. Confrontés à la complexité de la langue française, nous voilà de nouveau emmenés dans les méandres de l'orthographe, dont la difficile question des participes passés. Cet ouvrage nous invite donc à une descente au plus profond de nous-mêmes. Le recours à des exercices d'activation cérébrale, les méthodes de stimulation cognitive favorisent l'utilisation optimale du potentiel d'apprentissage. Par l'intermédiaire de modes opératoires associatifs, verbaux, imaginatifs, apprendre à mobiliser son attention, sa perception, soutenir la concentration, structurer les informations dans le temps et les restituer, les transférer des situations apprises à des situations nouvelles, tout cela devient chose aisée.

Être de l'itinéraire, je ne peux qu'exprimer ma profonde reconnaissance à Anne-Marie pour son approche humaniste, ce fabuleux voyage à travers les détours sinueux de la grammaire et ce message porteur d'espoir. « L'avenir appartient à ceux qui donnent à la génération future raison d'espérer », disait Teilhard de Chardin. L'ouvrage d'Anne-Marie Gaignard, itinéraire entre sensible et intelligible, est une transmission d'amour.

Gérard Moutou
Docteur en médecine, diplômé de
neurobiologie clinique et expérimentale*

* Gérard Moutou est aussi chevalier de la Légion d'honneur et médaille d'honneur de la santé et des affaires sociales.

• • •

Édition : Élisabeth Huault
Direction artistique : Maud Dubourg
Lecture-correction : Anne-Marie Lentaigne, Muriel Richard

ISBN : 978-2-32100-246-8

CHAPITRE 1
Une drôle de rencontre

Hugo n'arrive pas à s'endormir. Demain, c'est le jour de la dictée et il va encore avoir zéro. Il pense qu'il ne va pas y arriver et pleure doucement.

Depuis la rentrée, il collectionne les zéros à toutes les dictées, même lorsqu'il fait très attention. Il est de plus en plus déçu...

Son voisin à l'école se moque de lui. Il chante tout bas :

– Hugo le nul ! Hugo le nul ! T'as eu la bulle !

Des larmes coulent sur ses joues.

Soudain, dans sa chambre, une petite lueur s'approche de lui. Elle tourbillonne autour du lit et Hugo croit qu'il rêve.

– Mais non, se dit-il. C'est impossible, je n'ai pas encore commencé à dormir... Mais alors qu'est-ce que c'est ?

À cet instant, la lueur dansante se transforme en une minuscule fée. Elle est belle dans sa robe couleur de feu !

– Bonsoir, Hugo. N'aie pas peur. Je suis la fée Nina. Ne pleure plus, je suis là. Je vais t'aider.

– Tu peux vraiment m'aider ? dit Hugo à voix basse, pour ne pas réveiller toute la maison.

– Oui, Hugo, et pour cela, tu devras gagner cinq clefs. Cinq clefs magiques. Alors, écoute-moi bien ! Demain, lorsque tu auras ton stylo bien en main pour écrire ta dictée, dis-toi qu'il est magique, et pense très fort à moi ! Pose à côté de toi, sur ta table de travail, un crayon et une gomme !

4

La dictée va commencer, tu vas repérer tous les mots qui se terminent par les sons : **é ; i ; u.**

Dès que tu entendras un de ces trois sons, mets-toi en alerte !

Fais un petit trait au crayon sous le <u>é</u>, le <u>i</u> ou le <u>u</u> que tu écris.

Surtout, promets-moi de ne plus faire comme avant ! Ne mets plus au hasard une terminaison avec : *er* ou *ez* ou *ées* ou *is* ou *ue* sans savoir pourquoi. Tu me le promets ?

– D'accord, répond Hugo.

Et il répète :

– J'écoute bien la fin des mots et je m'arrête dès que j'entends **é, i** ou **u.** Je souligne d'un trait la fin de ces mots que j'ai écrits tout nus :

<u>é</u> s'il se termine en *é*

<u>i</u> s'il se termine en **i**

<u>u</u> s'il se termine en **u**

– Oui, Hugo, je crois que tu commences à comprendre, répond Nina. Maintenant, écoute-moi bien et regarde !

La fée, d'un coup de baguette, fait apparaître au pied du lit un écran magique, et elle écrit du bout de son index :

Les girafes son... parti... dans la savane.

– J'ai entendu **i**, alors je laisse comme ça, j'ai juste mis un petit trait sous le <u>i</u>. Et maintenant, Hugo, regarde qui entre en scène !

C'est alors que Nina fait apparaître sur l'écran magique un drôle de personnage.

Bonsoir, Hugo. Je suis souvent présent dans les phrases que tu écris, mais tu ne me remarques pas toujours... Maintenant, cherche-moi dans la phrase que Nina a écrite sur le tableau magique.

Hugo est émerveillé.

– Mais qui est-ce ? chuchote-t-il.

– Hugo, je te présente le roi ÊTRE, le roi le plus gentil qui soit !

Il aime ses sujets. Il s'intéresse à eux. Tous les gens qui vivent dans son royaume sont contents de vivre à ses côtés.

Hugo réfléchit et se dit : ÊTRE c'est... ?

Et il récite tout bas :

> je **suis**
>
> tu **es**
>
> il ou elle **est**
>
> nous **sommes**
>
> vous **êtes**
>
> ils ou elles **sont**

et je peux dire aussi : ÊTRE PARTI ou ÉTAIT PARTI.

– Je t'ai trouvé ! dit Hugo. Tu es bien dans la phrase que Nina a écrite sur le tableau magique. Les girafes = ELLES au pluriel. Tu dois être habillé en : sont.

– Bravo ! dit le roi ÊTRE. Maintenant, à chaque fois que tu me rencontreras dans une phrase, tu me poseras toujours la même question, et tu verras que tu ne te tromperas plus jamais.

– Quelle question ?

– Tu dois me demander : « QUI EST-CE QUI ? » et chercher toi-même la réponse à la question. Ainsi tu sauras m'habiller.

– D'accord, dit Hugo.

Les girafes sont parti dans la savane.

– Ce n'est pas fini, dit le roi ÊTRE. Maintenant, va sur le i de parti et repose-moi ma question.

QUI EST-CE QUI sont parti... ? Ce sont les girafes.

On dit UNE girafe, donc c'est féminin.

– Alors que dois-tu faire ? demande le roi ÊTRE.

– Je dois... Je dois habiller le i avec un e et aussi avec un s parce qu'elles sont plusieurs, les girafes.

– Fantastique ! s'écrie le roi ÊTRE. Regarde ta phrase, maintenant. Elle est juste. Si tu fais toujours comme cela, tu n'auras plus jamais de problème avec moi.

Les girafes sont parties dans la savane.

– Hugo, si je te demande à présent d'écrire sur le tableau magique :

Les lions étai~~ent~~ énervé~~s~~ par les cris des singes.

Comment vas-tu t'y prendre ?

Hugo s'approche et écrit doucement la phrase sous le regard attentif du roi ÊTRE. Son stylo magique lui permet d'écrire avec prudence. Hugo écrit **étai…** sans rien lui mettre du tout, et souligne le **é** de **énervé** puis il recule.

Les lions étai… énervé… par les cris des singes.

Il trouve **étai…** Il se souvient qu'il doit habiller le roi et se demande :

> QUI EST-CE QUI étai… éner**v**é… ?

> Les lions !

Le roi répond : les lions. Alors Hugo se dit c'est ILS au pluriel et il habille **étai…** avec **ent**, ILS **étaient**, puis il fonce sur le **é** de **énervé**…

QUI EST-CE QUI étaient énervé… ? Ce sont les lions ; je dis UN lion, je passe, mais LES lions, je pose un **s** pour le pluriel.

Hugo regarde une dernière fois son œuvre en prenant soin d'effacer les petits traits :

Les girafes sont parties dans la savane.

Les lions étaient énervés par les cris des singes.

– Félicitations ! Hugo. Tu as tout compris ! Tu as bien réussi !

Et il lui tend sa première clef.

Elle est belle. Hugo la serre très fort dans sa main.

– Je suis le roi ÊTRE. Je m'habille souvent de façon différente, mais tu sauras me retrouver facilement : je suis le plus gentil des rois. Il te suffit de dire, pour t'aider, ÊTRE PARTI ou ÊTRE ÉNERVÉ, et voilà, tu sais alors que c'est moi. Hugo, répète-moi encore quelle question tu dois me poser avant que je m'en retourne dans mon royaume.

– QUI EST-CE QUI ? deux fois : une fois pour t'habiller et une fois pour les *é, i, u.*

– Adieu, Hugo ! Ne m'oublie jamais ! Je me cache parfois dans les phrases, mais je sais que tu me retrouveras maintenant.

– Merci ! Oh ! Merci, gentil petit roi ! Je penserai très fort à toi quand je te trouverai dans mes dictées. C'est promis, jamais je ne t'oublierai.

Et le roi ÊTRE disparaît.

Hugo est assis sur son lit. La fée Nina est toujours là.

– Tu vois, Hugo, je t'avais promis de t'aider. Es-tu rassuré maintenant ?

– Oh, oui ! Nina. Merci, merci beaucoup.

La fée se penche vers Hugo et lui chuchote à l'oreille :

– Bonne nuit. Demain matin, je serai là. Et dans quelque temps, je t'aiderai à gagner ta deuxième clef. Tu peux être fier.

Hugo ferme les yeux.

Quand Nina dépose un baiser sur sa joue, Hugo dort déjà.

✎ Les zèbres sont [allé**s**] jusqu'à la mare pour boire.

☆ Les zèbres sont allés jusqu'à la mare pour boire.

✎ Les crocodiles étaient déjà [descendu**s**] dans l'eau pour se cacher.

☆ Les crocodiles étaient déjà descendus dans l'eau pour se cacher.

✎ Les femelles sont vite [sorti**es**] de l'eau pour prévenir le troupeau.

☆ Les femelles sont vite sorties de l'eau pour prévenir le troupeau.

✎ Les jèunes zèbres sont [reparti**s**] mécontents, mais vivants !

☆ Les jeunes zèbres sont repartis mécontents, mais vivants !

✎ Les crocodiles regrettent que les zèbres soient [reparti**s**] si vite.

☆ Les crocodiles regrettent que les zèbres soient repartis si vite.

CHAPITRE 2
Une partie de cache-cache

C'est le début des vacances de Noël. Un énorme sac de voyage est posé sur le lit d'Hugo, et toutes les portes de ses placards sont ouvertes.

– Mais que fait-il ? se demande la fée Nina, assise, les pieds dans le vide, sur le bord d'une étagère.

Ce soir, elle vient faire une petite surprise à Hugo.

Elle s'approche tout doucement de la liste qu'il a posée sur son bureau et lit :

mon blouson

deux paires de grosses chaussettes

un bonnet

mes gants

– Hum, hum ! Hugo s'apprête à partir à la montagne. Mais quand ? Cette nuit, demain matin ? Elle n'avait pas prévu ça !

La fée agite sa baguette magique au-dessus du bureau. Le mot *écharpe* se forme avec de la poussière d'or et vient s'ajouter à la liste. Hugo prend la feuille pour tout vérifier avant de fermer son sac.

– Qui a écrit ce mot en lettres d'or ?

Hugo réfléchit un court instant et appelle :

– Nina ? Tu es là ?

Pas de réponse.

Hugo est troublé. Il est certain que Nina se trouve dans les parages.

À l'école, avant chaque dictée, Hugo ouvre la boîte à secrets et regarde sa clef du roi ÊTRE. Grâce à Nina, il le connaît bien maintenant. Même Julien, son meilleur copain, n'en revient pas. Hugo n'a pas dévoilé l'existence de la fée. Il s'était fait à l'idée qu'il ne la reverrait peut-être jamais.

À nouveau, Hugo appelle :

– Nina, c'est toi ? Montre-toi !

Pas de réponse. Il s'allonge sur son lit, rêveur. Tout à coup, un filet de lumière sort de sous son lit. Un rayon jaillit et trace une phrase sur le mur de la chambre :

Regarde par la fenêtre, descends me rejoindre.
Surtout, n'aie pas peur. Emporte avec toi la clef du roi ÊTRE.

Hugo se précipite vers la fenêtre. Dehors, il fait noir, mais il distingue dans le jardin un beau cheval ailé blanc.

Hugo accroche la clef du roi ÊTRE à son cou et dévale les escaliers.

Il enfourche le cheval et s'agrippe à son cou. Il n'a pas peur. Il sait qu'il part pour de nouvelles aventures.

Le cheval monte droit vers les étoiles. La vitesse est vertigineuse. Hugo sent le vent sur son visage.

Déjà, sa monture ralentit à l'approche d'une étoile de couleur pourpre. Doucement, le cheval touche le sol.

Assise sur un roseau géant, Nina sourit.

– Bonsoir, Hugo.

– Nina ! J'étais sûr que tu serais là !

– Hugo, j'ai un message pour toi. Le roi ÊTRE veut te voir. Il t'a remis la clef de son royaume, il sait que tu la regardes souvent et qu'elle t'aide quand tu fais des dictées.

– C'est vrai, Nina. Lorsque je rencontre le roi ÊTRE devant un participe passé, je sais faire l'accord. Il me suffit de trouver le sujet, et hop ! Je vérifie deux choses : si ÊTRE est bien habillé, en lui posant sa question favorite ; puis je regarde si le sujet est féminin ou masculin et s'il est singulier ou pluriel. Je n'ai plus de problème du tout.

– Jamais ? demande Nina.

– Bon, d'accord. L'autre jour, la maîtresse a entouré un mot dans ma dictée. J'avais écrit :

Les perles ⟨dorer⟩ de la guirlande de Noël brillaient.

J'ai écrit **dorer** en mettant **er**. J'avais pourtant réfléchi : **dorer** est un verbe, et, puisque je n'avais pas trouvé le roi ÊTRE, je l'ai laissé à l'infinitif. Nina, **dorer**, c'est bien un verbe, n'est-ce pas ?

À voir le visage de Nina, Hugo comprend que quelque chose cloche. Nina se met à tourbillonner dans les airs et lui dit :

– Prends le chemin que tu aperçois là-bas, marche droit devant toi et tu arriveras au royaume du roi ÊTRE. Il veut te confier un nouveau secret...

Hugo est content de revoir le roi ÊTRE. Il garde un bon souvenir de leur rencontre.

Le chemin qui mène au palais est parsemé de poussières dorées. Les fleurs et les roseaux se penchent sur le passage d'Hugo.

La porte du château est fermée. Personne. Rien qu'un profond silence. Hugo décroche la clef qui pend à son cou et l'introduit dans la serrure. La porte s'efface.

Tout est de couleur pourpre à l'intérieur, comme le manteau que portait le roi ÊTRE au moment de leur première rencontre. Hugo s'avance dans l'immense pièce. Surprise ! Nina est déjà auprès du roi.

– Bienvenue dans mon royaume, Hugo ! dit le roi ÊTRE. Suis-moi... Cette réunion est de la plus haute importance.

Nina ajoute tout bas à l'oreille d'Hugo :

– Surtout, sois indulgent. Le roi ÊTRE est un grand enfant. Il aime jouer, se cacher.

Hugo lève les yeux. Le roi ÊTRE ne marche pas, il vole... Il se cache derrière les piliers, puis derrière les grands rideaux en velours pourpre de la salle. Il laisse un pied dépasser. Hugo trouve la partie trop facile, mais soudain, il est entraîné dans un tourbillon, à l'extérieur du château. Nina est avec lui. La lumière est faible. Seules quelques lanternes éclairent une pente douce. Il faut se mettre presque à quatre pattes pour avancer. Au bout du chemin, un minuscule château. C'est le même que celui du roi ÊTRE, en miniature. Il s'en approche et tente d'y pénétrer. Aucune serrure sur la porte.

– Nina, tu crois que la partie de cache-cache continue ?

– Bien sûr ! Le roi ÊTRE veut que tu le retrouves, et si tu y parviens, tu connaîtras un nouveau secret.

Hugo remarque une inscription, sur la petite porte. Il reconnaît la lettre *e* puis l'accent aigu sur le *e* : *é*. Il en suit le contour avec son doigt et à ce moment-là, la porte bascule. Hugo s'introduit sans bruit et trouve... le roi ÊTRE.

– Bravo, bienvenue au Château des Secrets !

Le roi est confortablement installé derrière un grand bureau ; Hugo s'attend à une partie d'échecs ou de dames.

– Vois-tu, Hugo, je viens tous les jours dans mon petit château. C'est mon endroit à moi et je m'y amuse bien.

– Comment peux-tu t'amuser tout seul ?

Le roi ÊTRE lève doucement le dessus de son bureau, qui se transforme en écran de cinéma. Nina pointe sa baguette magique vers le centre de l'écran et Hugo, tournoyant sur lui-même, se retrouve cette fois-ci envoyé dans les airs...

Il atterrit les deux pieds dans la neige.

Mais où peut-il bien être ? Mais oui, il reconnaît les lieux : il est au pied du chalet de son oncle, à la montagne. Hugo n'en revient pas.

Quel rapport peut-il y avoir entre la montagne, le secret et la partie de cache-cache ? Il réfléchit.

– Bien sûr, se dit-il, papa et maman m'ont demandé d'écrire quelques lignes tous les jours dans mon journal. Ce secret est forcément en rapport avec l'écriture. Sans plus attendre, Hugo entre dans le chalet. Son journal l'attend sur la table. Il s'assoit et commence à écrire.

Samedi 19 décembre

Dans le couloir de la maison, il y a une photo accroché<u>é</u>... au mur. Je suis heureux de revoir mes cousins, les joues rougi<u>i</u>... par le froid et leurs bonnets enfoncé<u>é</u>...

Hugo a fait comme d'habitude. Il a souligné les mots se terminant en *é*, en *i* ou en *u*. Il se demande si ces phrases ont un lien avec la partie de cache-cache engagée avec le roi ÊTRE. Mais voilà : aucune trace du roi. Comment faire ?

D'habitude, c'est simple pour Hugo. Il le trouve et il lui pose sa question :
QUI EST-CE QUI ?

Mais là, Hugo est confronté à un nouveau défi.

Le roi ÊTRE lui a donné des indices :

– son bureau secret où il aime se retirer pour s'amuser seul ;

– une partie de cache-cache.

Hugo s'interroge encore :

– Que faire pour accorder les participes passés lorsque ÊTRE n'est pas là ? J'ai trouvé ! s'exclame-t-il. Mais oui, le roi ÊTRE joue à cache-cache dans ces phrases. Il est invisible. Je comprends maintenant pourquoi il passe de bons moments. Devant son écran, il peut observer les enfants qui le cherchent dans les textes qu'ils viennent d'écrire. À moi de jouer maintenant.

Hugo reprend son texte et s'arrête au premier mot souligné :

sur la photo accroch<u>é</u>...

Le roi ÊTRE est caché là, puisqu'il répond à sa question favorite « QUI EST-CE QUI ? ». **LA** photo, c'est féminin singulier. Je mets un *e* à accroch<u>é</u>... Pour le premier, ça marche ! Je continue.

les bonnets enfonc<u>é</u>...

QUI EST-CE QUI sont enfoncé... ? Ce sont les bonnets. Masculin pluriel ! Je mets un *s* pour accorder **enfoncés** avec **bonnets**. Je continue.

leurs joues roug<u>i</u>... par le froid

Le roi ÊTRE répond, ici aussi, à sa question favorite.

QUI EST-CE QUI sont rougi... ? Réponse : les joues. C'est féminin pluriel ; je mets un *e* et un *s* à roug<u>i</u>... : *les joues rougies par le froid*. Et voilà !

– Le roi ÊTRE joue à l'homme invisible !

Hugo entend Nina lui chuchoter :

– Invisible ? Mais qui est invisible ?

– Ah, Nina, te voilà. Tu m'as fait peur.

– Je vois que tu t'es très bien débrouillé.

Hugo lance son crayon en l'air. Il a envie de sauter au cou de Nina. Il a gagné la partie !

– Alors, qu'as-tu découvert ? demande Nina.

– Pour savoir si le roi ÊTRE est caché, je recule dans la phrase pour voir si je le trouve et je pose sa question favorite : « QUI EST-CE QUI ? ». S'il répond, c'est qu'il est là ! Voilà ce que voulait me faire découvrir le roi ÊTRE.

– Hugo, bravo ! dit le roi. J'aime jouer. Parfois, je me cache, mais tu sais me retrouver. Te voilà détenteur d'un nouveau secret. Je t'offre cette deuxième clef. Es-tu prêt à continuer l'aventure ?

– Bien sûr, mais je dois rentrer à présent. Il est tard et je ne voudrais pas que mes parents s'inquiètent. Demain, je pars à la montagne.

Nina avait un peu oublié l'heure. D'un coup de baguette magique, elle propulse Hugo sur le dos de son compagnon de voyage. Elle agite la main en guise d'au revoir, mais Éclador, c'est le nom du cheval, n'est déjà plus qu'un petit point blanc qui fonce vers la Terre.

Ouf ! Il était temps. Les parents d'Hugo viennent d'arriver. Ce soir, on parle des vacances. Les bagages sont prêts. On le félicite pour ses bons résultats. Il peut se coucher et repenser à son expédition sur l'étoile pourpre. Demain, il part à la montagne.

✎ À toi de gagner !

✎ La cabine du téléphérique tangue, [suspendu...] à son câble ; on dirait une barque sur des vagues [déchaîné...].

☆ La cabine du téléphérique tangue, suspendue à son câble ; on dirait une barque sur des vagues déchaînées.

✎ À l'intérieur, les skieurs les plus [fatigué...] fermaient les yeux, [assommé...] par l'altitude.

☆ À l'intérieur, les skieurs les plus fatigués fermaient les yeux, assommés par l'altitude.

✎ On devinait les sommets [glacé...] à travers les vitres de la cabine [ballotté...] par le vent.

☆ On devinait les sommets glacés à travers les vitres de la cabine ballottée par le vent.

✎ [Endormi...] depuis l'automne sous la neige [durci...], les marmottes n'entendaient pas les skieurs qui criaient, [pressé...] de raconter leurs exploits.

☆ Endormies depuis l'automne sous la neige durcie, les marmottes n'entendaient pas les skieurs qui criaient, pressés de raconter leurs exploits.

21

✎ [Étonné...] par leurs progrès, ils dévalaient les pistes [bleu...] en chasse-neige.

☆ Étonnés par leurs progrès, ils dévalaient les pistes bleues en chasse-neige.

✎ Certains avaient des gants [troué...], des chaussures [usé...], des chaussettes [mouillé...], et pourtant ils ne sentaient pas le froid.

☆ Certains avaient des gants troués, des chaussures usées, des chaussettes mouillées, et pourtant ils ne sentaient pas le froid.

✎ Ils semblaient [réjoui...] de savoir que l'heure du chocolat chaud approchait.

☆ Ils semblaient réjouis de savoir que l'heure du chocolat chaud approchait.

CHAPITRE 3
Une pensée pour les filles

À six heures, le réveil sonne. « Debout, il ne faut pas rater le train ! » Hugo part chez son oncle. Ses parents l'accompagnent sur le quai, et en avant pour un premier voyage en solitaire !

Son oncle va lui apprendre à faire du ski. Ce qu'aimerait surtout Hugo, c'est faire du snowboard... De toute manière, ski ou snowboard, il se dit qu'il a bien de la chance.

Bercé par le roulis du TGV, il est plongé dans un demi-sommeil lorsqu'il perçoit la petite voix de Nina.

– Et si, le temps du voyage, je t'emmenais avec moi, Hugo ? Nous avons quelques heures devant nous.

Cette fois, plus besoin du cheval ailé. Nina lui demande juste de garder les yeux fermés et de se laisser guider.

– Ouvre grand tes oreilles maintenant, dit Nina. Il faut que tu continues à souligner tous les mots dont la terminaison est soit <u>é</u>, soit <u>i</u>, soit <u>u</u>. Je sais que tu le fais à chaque fois, et que tu poses au roi ÊTRE sa question favorite, même quand il est caché. Mais, parfois, le jeu de cache-cache se poursuit.

Le roi ÊTRE apparaît à son tour :

Si je te dis :

Le conducteur est surpri... par la neige.

– Facile, je te vois, roi ÊTRE, et je te pose ta question favorite : QUI EST-CE QUI est surpri... ? Réponse : le conducteur.

– Stop, c'est toi qui risques d'être surpris ! Une lettre silencieuse se cache parfois au bout du masculin. Pour découvrir cette lettre, mets toute la phrase au féminin :

la conductrice est SURPRISE par le froid

et là, tu comprends qu'il faut mettre un *s* à la fin de *surpris*. Ce *s* est silencieux, au masculin. Mais tu l'entends dès que le mot est au féminin. Vérifie à chaque fois.

– D'accord, roi ÊTRE. J'ai compris. Je te pose ta question favorite et je pense au féminin. Aux filles, quoi...

Le roi ÊTRE sourit et précise encore :

– Vérifie bien : si le féminin ne change rien à la prononciation du mot, fais comme tu as l'habitude avec les participes passés. Regarde :

Le conducteur est gêné par la neige.

QUI EST-CE QUI est gêné ? Le conducteur. Vérifie le féminin :

la conductrice est gênée

La prononciation de *gêné* ne change pas si tu mets ce mot au féminin. Donc, au masculin, n'ajoute rien après le *é*.

– Je commence vraiment à me demander si je vais en finir avec ces participes passés. Ça ressemble à une course d'obstacles. Mais pour tout te dire, roi ÊTRE, je crois que j'aime bien écrire quand même.

– Tu progresses, Hugo, tu progresses !

– Mais, roi ÊTRE, tu m'as donné la solution cette fois. Je n'ai pas d'énigme à résoudre ?

Alors, une drôle de sensation lui noue le ventre. Le sol vibre. Hugo sent qu'il descend. Il se tient droit comme un empereur romain sur un bouclier d'argent. Aspiré, il arrive dans sa salle de classe. Ses camarades sont là, avec leur institutrice. Hugo se retrouve face au tableau.

Nina est assise sur le coin du bureau de la maîtresse. Seul Hugo la voit. Cela le rassure. Des phrases sont écrites au tableau. C'est à lui de les compléter.

– Pas question de rater devant tous les copains, se dit-il.

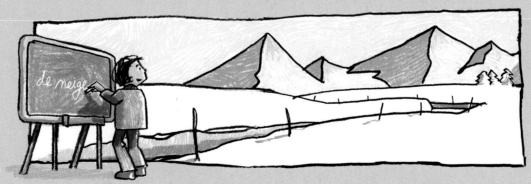

Il s'attaque à la première phrase :

Les chemins sont recouver… de neige.

Il se retourne vers ses camarades et leur dit :

– Facile ! ÊTRE est là. Je sais accorder le participe passé avec lui. En plus, le féminin RECOUVERTE fait entendre le **t** qui était silencieux au masculin. Comme d'habitude, je pose la question : QUI EST-CE QUI est recouvert de neige ?

Je me dis la réponse dans ma tête avant de l'écrire : LES chemins, c'est masculin pluriel, il faut mettre le **s** du pluriel :

Les chemins sont recouverts de neige.

Ses camarades attendent la suite.

Pour la deuxième phrase, il procède de la même manière. Il lit :

Le couvert est mi… pour le dîner.

Hugo se dit :

– Attention, je dois d'abord me demander s'il peut y avoir une lettre muette. Il serre fort sa craie et prononce la phrase dans sa tête.

Il a un peu peur. Y a-t-il une finale silencieuse ?

– Pour la faire parler, je mets la phrase au féminin : La table est MISE pour le dîner. Il y a un **s** qui est muet quand le mot est au masculin, mais qu'on entend au féminin. Donc j'écris un **s**.

Le couvert est mis pour le dîner.

Ses camarades restent muets.

Muets comme la consonne qu'il a ajoutée à la fin du mot. Hugo est un crack, pensent-ils. Comment fait-il ? La maîtresse le félicite.

 Julien intervient :

– À chaque fois que tu rencontres le verbe ÊTRE, tu es sur tes gardes. Et c'est ce qui te permet de ne plus te tromper ?… Pas mal !

Hugo hoche la tête et jette un œil du côté de Nina. D'un coup de baguette magique, elle l'entraîne dans son tourbillon. Ils sont remontés dans le TGV. Sur son trône, le roi ÊTRE est là et semble satisfait.

– Hugo, te voilà en possession d'un nouveau secret. Je t'offre cette étoile magique.

Hugo a une drôle de sensation. Il a l'impression d'avoir dormi. Il est reposé. Mais qu'est-ce qui lui chatouille le crâne ? Il lève les yeux et aperçoit Nina, assise sur l'appui de la fenêtre du train.

– Hugo, je crois que tu es arrivé. Terminus !

– Nina, vite, dis-moi : y aura-t-il d'autres secrets ?

Hugo a beau prêter l'oreille, pas de réponse, juste un sourire de Nina.

Il la salue d'un petit signe discret de la main, son oncle est là, sur le quai.
Hugo se jette dans ses bras. C'est parti pour une semaine de glisse !

Au chalet de son oncle, Hugo est confortablement installé, près de la cheminée. Il repense à son après-midi de glisse... Il rêve...

Il pense et se dit que beaucoup de mots donnent en secret une grande place au féminin ; sinon, pourquoi est-ce qu'il y aurait un t à la fin de offert, ou un s à la fin de pris ? Et plein d'adjectifs font pareil : le t de court, le g de long ; le t de muet, le d de sourd ; le d de grand, le t de petit. Pour savoir écrire la fin de tous ces mots au masculin, il faut connaître leur féminin, et le prononcer. Vive les filles !

Rêveur, il regarde par la fenêtre. La lune semble posée au sommet de la montagne. Et là, non, il ne rêve pas ! Nina et Éclador arrivent droit sur lui.

– Hugo, tu as progressé et surtout tu as découvert les secrets du roi ÊTRE. Tiens, prends ceci.

Nina lui donne un petit sac rouge fermé par une tresse dorée.

– Dès que tu l'ouvriras, Éclador t'accompagnera dans de nouvelles aventures. J'ai confectionné la tresse qui ferme ce petit sac. As-tu deviné avec quoi ?

– Peut-être avec le crin d'Éclador.

– Eh oui, Hugo ! Garde ce sac précieusement.

– D'accord, Nina. Mais quand est-ce que je pourrai l'utiliser ?

– Hugo, lorsque tu écris un texte, dis-toi que tu as raison d'hésiter sur un mot ou sur un accord. Il faut alors te poser les bonnes questions. Car les bonnes réponses viennent des bonnes questions. Tu as déjà une première question dans ce sac : « QUI EST-CE QUI ? » N'oublie jamais : c'est la question du roi ÊTRE, même quand il se cache.

– Nina, tu t'en vas pour longtemps ?

– Hugo, tu sais bien que l'on se reverra.

✎ L'avalanche approchait, il fallait prévenir le skieur, mais il ne m'entendait pas : était-il [sour...] ?

☆ L'avalanche approchait, il fallait prévenir le skieur, mais il ne m'entendait pas : était-il sourd ?

✎ Arrivés au sommet, les skieurs se séparent : les uns prennent une piste [lon...] mais facile, les autres choisissent la piste la plus [cour...] mais [bosselé...]. Qui arrivera le premier ?

☆ Arrivés au sommet, les skieurs se séparent : les uns prennent une piste longue mais facile, les autres choisissent la piste la plus courte mais bosselée. Qui arrivera le premier ?

CHAPITRE 4
La bataille

De retour en classe, Hugo est de plus en plus sûr de lui. Mais ce matin, il y a de nouveau dictée.

Il hésite dans cette phrase et souligne le <u>i</u> de poursuiv<u>i</u>.

Les chasseurs ont été poursuiv<u>i</u>... par les gorilles.

Au même moment, le visage de la fée Nina apparaît sur le devant de sa trousse en cuir. Hugo est surpris et ne bouge pas.

– Coucou, Hugo ! Surprise ! Allez, pas de panique, tu vas la gagner cette bataille !

– Cette...

– Chut ! Hugo, on va t'entendre ! Attends une seconde.

Nina sort alors complètement de la trousse et d'un coup de baguette magique, elle isole Hugo dans une bulle invisible. Personne ne peut se douter de la scène qui se déroule dans la classe.

– Eh bien, tu vois, Hugo, arrête-toi sur le <u>i</u> de poursuiv<u>i</u> et recule. Que trouves-tu ?

– Je vois été, dit Hugo.

Des roulements de tambours se font entendre. Nina lui présente le roi soleil. Il brille de tous ses feux sur la feuille. Un petit soleil qui entoure été.

– Hugo, voici de nouveau le roi ÊTRE, notre gentil roi. Sais-tu que quand il sort dans une phrase accompagné d'un autre roi, il brille et s'habille toujours en tenue d'été. Il s'écrit comme la saison d'été, c'est simple non ?

– Super, la technique, Nina. Mais qui est l'autre roi ?

– Il s'agit du roi AVOIR. Il va falloir le surveiller de très près. Regarde, tu peux le remplacer par AVAIENT dans cette phrase.

Les chasseurs avaient été poursuiv<u>i</u>... par les gorilles.

– Eh bien, tu vois, Hugo, dans ont, tu reconnais le roi AVOIR. Dans été, tu reconnais le roi ÊTRE. Ils sont donc bien là tous les deux. D'après toi, Hugo, lequel d'entre eux va gagner la bataille ?

– La bataille ! C'est comme dans le jeu de cartes que je connais ?

– Oui, là aussi, tu peux dire « Bataille ! ». Et qui va gagner d'après toi ?

– J'espère que c'est le plus gentil des deux rois !

– C'est exact, Hugo. C'est le roi ÊTRE qui gagne, lorsqu'il y a bataille.

– Que vas-tu faire maintenant pour gagner ta troisième clef ?

– Je vais demander : « QUI EST-CE QUI ont été poursuivi... par les gorilles ? » Je cherche, et je trouve : les chasseurs. C'est masculin pluriel. Nina, je peux écrire ma réponse sur le tableau magique ?

– Allez, vas-y, je te regarde.

Hugo accorde **poursuivi**... en ajoutant un *s*.

Les chasseurs ont été poursuivis par les gorilles.

– Mon ami, j'ai le grand honneur de te décerner cette troisième clef. Celle-ci compte double. Garde-la sur ton cœur, elle te portera bonheur. Hugo, tous les deux, nous avons bien commencé à explorer le royaume des mots. Je vais partir, maintenant, et toi, tu dois continuer ta journée d'école. Sois rassuré, je reviendrai te voir sans faute, très vite.

Quand tu te réveilleras demain, souffle trois fois sur cette clef-là et je serai de nouveau là.

Hugo est très impatient de revoir Nina. Alors, après avoir pris soin de ranger sa clef dans sa trousse d'écolier, il se prépare à terminer sa dictée du jour, le cœur léger.

✎ Les jeunes singes ont été [nettoyé...] par leurs mères.

☆ Les jeunes singes ont été nettoyés par leurs mères.

✎ Ils avaient été [débarrassé...] de leurs poux.

☆ Ils avaient été débarrassés de leurs poux.

✎ Des caresses leur auront été [donné...] pour les endormir.

☆ Des caresses leur auront été données pour les endormir.

CHAPITRE 5
Le roi méchant

Comme promis par Nina, après qu'Hugo eut soufflé sur la clef double, la fée apparut.

Elle est là, arrivée avec les premières lueurs du jour qui filtrent à travers les volets. De sa baguette magique, elle tapote le bout du nez d'Hugo.

– Bonjour Hugo. As-tu bien dormi ?

– Oui, Nina, et grâce à toi. J'ai rêvé de Noël, et il y avait beaucoup de neige, c'était beau.

– Hugo, rappelle-toi, tu dois obtenir ta quatrième clef. Dépêchons-nous ! Ma baguette m'a dit que tu avais des évaluations à l'école. Alors, hop hop hop !

À nouveau, l'écran magique fait son apparition.

– Hugo, tu te souviens que tu dois toujours être en alerte lorsque tu entends un participe passé qui se termine par **é, i** ou **u**.

– Oui, Nina, je n'ai rien oublié.

– Alors, regarde ce que j'écris.

Nina s'approche de l'écran magique et écrit :

Les jaguars ont gagn_é_... la course contre les lions.

La gazelle que le lion a attend_u_... dort encore.

Les chameaux avaient b_u_...

– Et regarde maintenant qui entre en scène !

Sur l'écran magique apparaît le roi AVOIR. Il semble de très mauvaise humeur.

Le roi se met à taper du pied, l'œil méchant, et marmonne :

– Je suis le roi AVOIR. Je suis d'humeur changeante. Parfois, je décide de faire le sourd aux questions que l'on me pose et, de temps en temps, j'aime bien défier les petits malins qui me cherchent. Mais tu dois savoir une chose, je suis très différent du roi ÊTRE. C'est comme ça avec moi !

Hugo, très attentif, attend la suite...

– Tu me croises souvent dans les phrases sans t'en apercevoir. Maintenant, cherche-moi dans les trois phrases que la fée a écrites sur le tableau magique ! Remonte la première phrase en partant du point et dis-moi ce que tu trouves.

Hugo, voilà le plus méchant des rois.

– Dans la première phrase, je t'ai trouvé habillé en **ont,** tu es en **a** dans la deuxième et, facile, **avaient** dans la dernière. Tu es bien dans les trois phrases que Nina a écrites sur le tableau magique.

– D'accord, Hugo. Mais assure-toi que je suis habillé correctement. Voici la première question que tu dois me poser pour cela. Demande-moi : « QUI EST-CE QUI ? » Ainsi, je serai le plus beau, le mieux habillé des rois.

Hugo s'exécute, regarde les trois phrases et pose la première question : QUI EST-CE QUI on... gagné ? Réponse : LES jaguars ou ILS au pluriel, tu es donc bien habillé en **ont.** Il continue. QUI EST-CE QUI a attendu ? C'est LE lion ou IL. Roi AVOIR, tu es bien habillé en **a**. QUI EST-CE QUI avai... bu ? Ce sont **LES** chameaux ou **ILS** au pluriel, tu es donc bien habillé en **avaient**, répond Hugo très content de lui.

Le roi AVOIR prend, lui, un air détaché. Il annonce en tapotant du pied :

– Bien, bien, bien ! Maintenant, voici la deuxième question, ma préférée.

– Ah ! dit Hugo. Et quelle est cette question ?

– Tu dois me demander : « QUI ou QUOI ? » et être capable de trouver toi-même la réponse à ces questions.

– D'accord, dit Hugo, et il se met à réfléchir.

Soudain, un mur vient se dresser juste après **gagné**... sur le tableau magique.

– Tu veux savoir pourquoi je suis méchant ? ricane le roi AVOIR.

Tu dois maintenant grimper sur ce mur, sauter de l'autre côté et crier : « Les jaguars ont gagné QUOI ? »

Hugo passe à l'action. Il entre dans le tableau magique, escalade le mur, puis il saute de l'autre côté en s'écriant :

Les jaguars ont gagné QUOI ?

– Quelle réponse vas-tu me donner ? dit le roi en se penchant d'un air mauvais vers Hugo.

Hugo lui répond :

J'ai trouvé la réponse tout de suite ! Facile, elle est là, à mes pieds : « la course contre les lions ».

Les jaguars ont gagné...   la course contre les lions.

La fée glisse à l'oreille d'Hugo :

– C'est bien, allez file, passe ton chemin sans te retourner. Dans ce cas-là, n'accorde surtout pas ! File et ne te retourne pas.

Hugo revient alors s'asseoir sur son lit.

– Et voilà, roi AVOIR :

Les jaguars ont gagné la course contre les lions.

Le roi AVOIR lève les sourcils : il ne comprend pas comment Hugo a fait pour savoir qu'il ne fallait pas accorder.

– Passons à la deuxième phrase, maintenant.

Hugo lit :

La gazelle que le lion a attendu... dort encore.

De nouveau le mur se dresse, juste après **attendu**... Hugo fait comme pour la première phrase. Il entre dans l'écran magique, grimpe en haut du mur et saute de l'autre côté en criant :

Le lion a attendu QUOI ?

Il entend alors le méchant roi lui demander :

– Quelle réponse vas-tu me donner, cette fois, Hugo ?

Hugo se gratte la tête, il est bien embêté : ...**dort encore**, ce n'est pas une réponse, ça !

Hugo hésite :

– Roi AVOIR, je ne peux pas te répondre, il faut que je remonte de l'autre côté du mur pour aller chercher la réponse à ta question.

La fée glisse à l'oreille d'Hugo.

– Très bien, Hugo, remonte le mur, et si tu dois le remonter, que cela serve à quelque chose !

La gazelle
que le lion a attendu...

Et là, Hugo pense tout bas... J'ai deviné ! Le lion a attendu QUOI ? Réponse : la gazelle. Je dois accorder mon participe passé avec LA gazelle. Je pose un e pour le féminin.

Il écrit sa réponse sur le tableau magique :

La gazelle que le lion a attendue dort encore.

Ce garçon est très intelligent !

Et le roi tombe à la renverse.

Il pense tout bas : « Ce garçon est très intelligent ! Je n'en reviens pas ! »

Puis, se relevant, empêtré dans sa robe :

– Je suis très en colère à cause de toi ! Mais je n'ai pas dit mon dernier mot. Il te reste maintenant à trouver la bonne réponse pour la dernière phrase.

Le roi se frotte les mains. Hugo observe la dernière phrase de la fée Nina et se dit :

– Il y a sûrement encore un piège dans cette phrase.

Alors il réfléchit et lit : **Les chameaux avaient _bu_**...

Le mur fait son apparition de nouveau juste après **b_u_**...

Hugo l'escalade et saute en criant :

Les chameaux avaient b_u_...
QUOI ?

– Quelle réponse vas-tu me donner, Hugo ?

Hugo est pris de panique. La phrase s'arrête là. Comment se sortir de cette impasse ?

Il se gratte la tête un petit moment... et entend à nouveau la voix de Nina :

– Hugo, ne te complique pas la vie. Tu n'as pas la réponse, alors file, c'est tout !

C'est vrai, se dit Hugo.

– Je ne peux pas répondre à cette question, roi AVOIR. Alors je file sans me retourner. Je décide de ne rien accorder du tout. Voilà :

Les chameaux avaient bu.

Le roi AVOIR se met à hurler. Il est dans une colère noire. Il est vaincu. Hugo est plus malin qu'il ne le pensait. Va-t-il lui donner la clef de la réussite ?

Il s'apprête à disparaître discrètement lorsque la fée Nina lui tape sur l'épaule :

– Eh ! Dites-moi, roi AVOIR, vous avez perdu ! Hugo a bien répondu à vos questions. Vous n'auriez pas oublié de lui donner quelque chose ?

Le roi fouille dans son grand manteau et tend la clef à Hugo, qui la saisit très rapidement, la serre très fort, puis la glisse dans sa poche de peur que le roi AVOIR ne change d'avis.

Hugo est rassuré, maintenant. Il a réussi à obtenir ses quatre clefs.

Il lève les yeux vers le tableau magique pour remercier quand même le roi AVOIR, mais celui-ci s'est envolé.

– Je ne suis pas près de l'oublier, celui-là ! dit Hugo à Nina.

À chaque fois que je le trouverai dans mes dictées, je l'habillerai correctement, je grimperai tout en haut d'un mur que je fabriquerai en posant mon doigt, ou mon crayon, après le participe passé et hop ! je sauterai de l'autre côté en disant : « QUI ou QUOI ? » Maintenant, je sais que je n'accorde que lorsque je suis obligé de repasser par-dessus le mur pour trouver la réponse. C'est génial ! dit Hugo à la fée Nina mais, elle aussi, a disparu. Quand va-t-il la revoir ?

✎ À toi de gagner !

✎ Hier, les éléphants du parc n'ont pas [mangé...] assez d'herbe, de feuilles, de racines et d'écorces.

☆ Hier, les éléphants du parc n'ont pas mangé assez d'herbe, de feuilles, de racines et d'écorces.

✎ Pourtant certains avaient [avalé...] 100 kilos de nourriture.

☆ Pourtant certains avaient avalé 100 kilos de nourriture.

✎ Mais ces 100 kilos n'avaient pas [suffi...].

☆ Mais ces 100 kilos n'avaient pas suffi.

✎ Avec les 150 kilos qu'ils ont tous [absorbé...] aujourd'hui, ils se sentent mieux.

☆ Avec les 150 kilos qu'ils ont tous absorbés aujourd'hui, ils se sentent mieux.

✎ Ils ont vite [englouti...] les bottes d'herbe que je leur avais [donné...].

☆ Ils ont vite englouti les bottes d'herbe que je leur avais données.

✎ Ils sont [reparti...] heureux.

☆ Ils sont repartis heureux.

CHAPITRE 6
L'Île aux secrets

Quelques mois ont passé et Hugo a fait une belle rencontre.

À trois pâtés de maisons de chez lui, il a rencontré Alice. Elle a une année de plus que lui mais ils sont devenus des amis pour la vie. Et cet été, leurs parents les ont emmenés tous les deux une semaine au bord de la mer. Hugo était très heureux, Alice aussi et depuis, ils se voient dès que les leçons sont terminées les mardis soir. Hugo respecte ce rituel car Alice a un secret qu'elle ne va pas tarder à lui dévoiler.

Il est presque certain que cette nuit quelqu'un est entré dans sa chambre. Il a vu une ombre se faufiler. À son réveil, il voit qu'une lettre est posée sur son bureau ; il en reconnaît l'écriture. C'est Alice, son amie. Alors c'est elle, pense-t-il, tout en frottant ses yeux encore pleins de sommeil.

Elle lui a écrit un court message qui se termine par une drôle de question :

> Est-ce que Nina t'a déjà emmené sur l'Île aux secrets ?
> Elle m'a promis que je pourrais y retourner avec toi.
>
> J'ai adoré ce spectacle.
> Tu me préviendras ?
> À très bientôt
> Alice

Hugo comprend alors qu'Alice connaît Nina. Il est fou de joie !!! Enfin elle s'est décidée à lui livrer son secret. C'est quoi ce spectacle ? se demande Hugo, ravi.

Hugo trouve aussi un message sur son téléphone portable :

Hugo est content de repartir.

Décidément, Nina est incroyable : il n'a son portable que depuis quelques jours et la fée connaît déjà son numéro !

Éclador est là, dans le jardin. Hugo le rejoint et lui demande tout en le caressant :

– Tu sais où nous allons ?

Avec son sabot doré, le cheval dessine une petite île.

– Oh, c'est sûrement l'endroit dont m'a parlé Alice. Super, pour mon premier jour de vacances ! Éclador, on ne peut pas partir maintenant. Je dois prévenir quelqu'un. C'est très important pour moi.

Mais le cheval ailé ne peut attendre. Il faut partir. Hugo obéit, le cœur gros. Il n'a pas pu tenir parole. Au fond de lui, il espère que Nina aura bien fait les choses... En route pour l'Île aux secrets !

Éclador atterrit sur une petite plage. Nina est arrivée. Elle est vêtue d'une nouvelle robe.

– On dirait que tu es habillée pour une cérémonie.

– Tu ne crois pas si bien dire, viens voir !

Hugo marche à ses côtés en silence.

– Tu n'as pas l'air dans ton assiette, mon ami ? Que se passe-t-il ?

– Nina, dit Hugo d'un air triste, je m'étais promis de prévenir Alice de mon départ pour l'Île aux secrets, mais je n'en ai pas eu le temps. Éclador était pressé de partir et...

Nina l'interrompt et lui demande de fermer les yeux. Et hop ! Hugo reçoit un baiser sur la joue : Alice est là, devant lui ! Il retrouve sa bonne humeur et tous les trois continuent leur chemin. Nina explique à Hugo que tous les verbes qu'elle appelle des princes se donnent, chaque année, rendez-vous sur l'Île aux secrets.

– Tu vas assister au Grand Tournoi de l'infinitif.

– Au quoi ? demande Hugo.

– À une drôle de rencontre, ajoute Alice. Allez, viens maintenant.

Hugo n'en croit pas ses yeux. Derrière la dune, une foule de princes se tient prête.

– Ils sont superbes ! Ils ont tous un chapeau à plume, s'écrie Hugo. Regarde la veste du prince *s'habiller* ! Et *venir,* tu as vu ses chaussures !

– Mais pourquoi font-ils ça ? demande-t-il.

– Mais pour toi, lui répond la fée.

– Pour moi ?!!

– Oui. Aujourd'hui, tu vas pouvoir découvrir dans quelles situations on habille un prince avec le costume de l'infinitif. Comme d'habitude, mets-toi en alerte lorsque tu entendras un mot se terminant par le son *é*.

– Ah, dit Hugo, j'ai déjà entendu ça quelque part...

– Moi, depuis cette cérémonie, j'ai tout compris. Je ne me trompe plus, le rassure Alice.

Quelques trompettes se mettent à sonner et font taire la foule des princes. Silence.

Sur l'estrade, deux fauteuils sont encore vides. Un premier personnage s'approche. Le roi AVOIR vient s'asseoir. Arrive aussi un autre personnage, tout petit et tout rond ; mais oui, Hugo reconnaît le roi ÊTRE ! Nina se penche vers Hugo :

– Ce sont eux qui président la cérémonie. Un premier jeu va avoir lieu. Regarde bien et tu vas comprendre.

Les deux rois se lèvent et donnent ensemble le signal du départ.

Un premier cortège de mots forme une phrase sous les yeux des spectateurs.

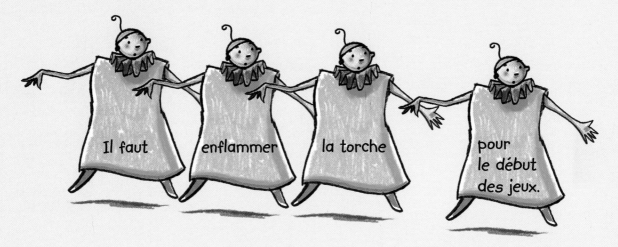

Dans les coulisses, le prince **enflammez** se prépare. Il est habillé en **ez**. Il est accompagné de **vous**, et il espère bien entrer en scène. **Enflammer** habillé en infinitif est déjà dans le cortège. Va-t-il rester ou être éjecté par le prince qui se prépare ? Il est beau dans son habit de lumière. On dirait un torero dans l'arène. Mais Hugo voit aussi un autre verbe.

La foule des princes se met à hurler.

– Deux, ils sont deux qui se suivent !

Hugo n'y comprend rien.

– Mais deux quoi ? demande-t-il tout bas à Alice.

– Les deux verbes, là : **faut** et **enflammer**.

– Pour marquer le point, lui dit Alice, quand il y a deux verbes qui se suivent, il est obligatoire que le deuxième verbe soit en habit d'infinitif. À ce moment précis, **enflammez**, habillé en **ez**, entre dans le cortège. Il voudrait bien prendre la place d'**enflammer** en costume d'infinitif. La foule des verbes hurle à nouveau. Hugo prend quelques secondes pour réfléchir. Il voit le premier verbe : **faut** ; ça, c'est le verbe **falloir**, qui est suivi par le deuxième verbe **enflammer** déjà habillé en infinitif. Hugo commence à comprendre. Pour gagner le point, **enflammer** doit rester dans le cortège. Il est le deuxième verbe et c'est son droit.

Deux gardes interviennent alors et repoussent **enflammez** habillé en **ez**.

Déçu, il regagne les coulisses...

– Bravo ! crie la foule.

Hugo est interloqué. Quel drôle de jeu !

Un autre cortège se prépare. Une phrase se met en place.

Après la cérémonie, chacun devra

aider aidé aidez

au nettoyage du terrain.

Hugo s'attend aux hurlements de la foule, mais toutes les têtes se tournent vers lui. Le roi AVOIR se lève et lui dit :

– À toi, Hugo.

Pris de panique, Hugo repense à la règle du jeu. Il faut compter, mais compter quoi ? Il s'affole, il ne sait plus. Alice le regarde, inquiète. Le temps semble une éternité à Hugo. Nina lui souffle à l'oreille :

– Quand deux verbes se suivent, le deuxième s'habille avec son costume...

Mais oui... et il crie à **aider** habillé en infinitif :

– Tiens bon, ne quitte pas le cortège. Vous êtes deux, **devra** te précède, c'est le premier verbe, et puis toi, **aider** en costume d'infinitif, tu es le deuxième.

Derrière lui, **aidez** habillé en **ez** avait déjà renoncé ; mais **aidé,** habillé en participe passé avec son **é,** était tout prêt. Hugo s'adresse à lui :

– Quant à toi, avec ton habit de **é,** recule ! Ce n'est pas ton tour.

Deux arbitres font signe à **aidé** de regagner les coulisses.

– Bravo, Hugo ! crie la foule.

– Nina, je crois que j'ai tout compris !

Une autre phrase se forme dans l'arène. Hugo suit la partie avec attention :

Aujourd'hui, beaucoup de points seront   marquer   marquez   marqué

La foule se tait. Hugo comprend qu'il doit continuer. Il recule dans la phrase. **seront** se dit-il, c'est le roi ÊTRE. Je le reconnais en habit du futur.

Hugo lève les yeux : le roi ÊTRE n'est plus dans son fauteuil. Évidemment, il est juste derrière lui et il lui souffle à l'oreille :

– Tu reconnais cette situation ?

– Oui, roi ÊTRE. Ici, tu es en première position : c'est toi qui commandes ; le verbe qui te suit est un participe passé. Hugo jette un coup d'œil sur le cortège. **marquez**

habillé en **ez** a déjà disparu, mais **marqué** habillé en participe passé veut prendre le dessus sur **marquer** en habit d'infinitif.

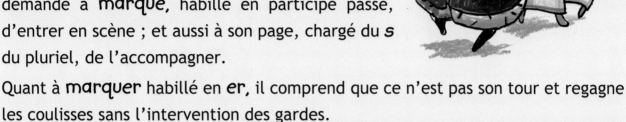

– Lequel des deux va pouvoir rester dans le cortège ?

Hugo demande : « QUI EST-CE QUI sera marqué… ? »

Réponse : DES points. C'est masculin pluriel. Il demande à **marqué,** habillé en participe passé, d'entrer en scène ; et aussi à son page, chargé du **s** du pluriel, de l'accompagner.

Quant à **marquer** habillé en **er,** il comprend que ce n'est pas son tour et regagne les coulisses sans l'intervention des gardes.

Aujourd'hui, beaucoup de points seront marqués.

Les trompettes résonnent pour signaler la pause. Hugo est très content de participer à ces jeux. Il réalise combien il est nécessaire d'être prudent dès que l'on entend un mot se terminant par le son **é.** Il a vu que les princes en **é** étaient jaloux, et qu'ils voulaient entrer en scène par tous les moyens, face aux autres princes habillés en **ez** et **er.**

Les trompettes sonnent à nouveau :

– Hugo, la cérémonie n'est pas terminée, lui dit Nina. C'est le signal d'un nouveau jeu.

Un cortège de petits mots s'est formé. Le **à,** le **de,** le **pour** et le **sans.** Hugo demande à Nina ce qu'ils font là.

– Tu vas comprendre, Hugo.

Ils vont servir d'escorte aux verbes du cortège. Ce jeu est organisé rien que pour toi. Si tu vois l'escorte, c'est que le roi devra être habillé en infinitif. Tu connais déjà la première règle, n'est-ce pas ?

– Oui, Nina. Quand deux verbes se suivent, le deuxième s'habille en infinitif. Mais si le premier est le roi ÊTRE ou le roi AVOIR, je sais que le deuxième s'habillera en participe passé.

– Maintenant tu vas connaître une deuxième règle : si le prince est accompagné de son escorte, c'est qu'il sort et qu'il doit s'habiller avec... ?

– ...son costume d'infinitif, répond Alice avec un petit air malicieux.

Elle donne un coup de coude à Hugo :
– Allez, à toi de jouer !

Au milieu de la scène où se déroule la cérémonie, une petite estrade est installée. Nina demande à Hugo, intimidé, de venir s'y installer.

Puis apparaît une phrase :

> Avant un match, il est nécessaire de se [préparer]
> mentalement pour [gagner].

Hugo remonte sa phrase en partant du point. Il trouve **gagner**, recule, et voit **pour**, l'escorte qui oblige à l'infinitif. Il recule encore, trouve **préparer** et immédiatement en arrière il voit **de**, une escorte lui aussi.

Alors, il prie **préparer** et **gagner** de rester dans la phrase avec leurs beaux habits d'infinitif.

> Avant un match, il est nécessaire de *se préparer* mentalement pour gagner.

– Finalement, les verbes sont simples, précise Nina. Quand on les voit qui sortent avec une escorte, allez, hop ! On les habille en infinitif.

Tu sais, Hugo, certains verbes jouent les cachottiers. Il faut les surveiller. Le seul moyen dont tu disposes, c'est d'écouter si le verbe se termine par le son **é**.

– Je comprends pourquoi tu insistes tant sur le son **é**. C'est mon alerte !

ÊTRE et AVOIR se lèvent, et le roi ÊTRE s'adresse à Hugo.

– Voici la dernière phrase qui clôturera notre cérémonie annuelle.

> Les étoiles ne vont pas [tarder] à se [montrer], il va falloir [songer] à [rentrer] à la maison.

Hugo est en alerte rouge avec tous ces princes. Comme d'habitude, il recule dans la phrase. Il ne lâche plus la technique de marche arrière car il va plus doucement ainsi et est rassuré.

Il lit **maison, la, à, rentrer,** et voit le **à**, la petite escorte du prince. Il laisse le prince **rentrer** à l'infinitif.

Il trouve ensuite **songer,** et **falloir** le précède. **songer** est bien un prince, donc il le laisse à l'infinitif aussi.

montrer est escorté de **à,** donc il est à l'infinitif. Hugo recule et trouve **tarder** : marche arrière encore. Ah ! Voilà **vont** : c'est le prince **aller** qui est habillé au présent, donc **tarder,** deuxième prince, restera à l'infinitif.

Hugo, satisfait, regarde sa dernière phrase :

> Les étoiles ne vont pas tarder à se montrer, il va falloir songer à rentrer à la maison.

La cérémonie s'achève par un défilé. Alice, Hugo et Nina regardent les verbes passer devant eux. Certains ont encore leur escorte. Le soleil est devenu rouge et descend vite sur l'horizon. Le spectacle est terminé.

Hugo grimpe sur le dos d'Éclador. Au moment où le soleil touche la mer, ils s'envolent. Alice a disparu.

Hugo est de retour chez lui. Ses parents lui ont laissé un petit mot : « Hugo, nous sommes partis faire quelques courses. À tout à l'heure ! ».

Une surprise l'attend dans sa chambre : posé sur son lit, un magnifique coffret porte une inscription gravée à l'or fin.

En souvenir de l'île aux secrets…

Hugo n'ose pas l'ouvrir. Quand il le prend dans ses mains, le coffret s'ouvre doucement. Il est tapissé de velours rouge. Hugo retrouve, soigneusement posées dans leur petit compartiment, les quatre clefs qu'il a gagnées depuis le début de l'aventure.

Les deux premières, celles du gentil roi ÊTRE, celle de la bataille où ÊTRE sort victorieux et enfin celle du roi AVOIR. Une petite fente laisse apparaître le mur. Ah ! le mur qui sauve Hugo dans ses dictées. Il ne résiste pas et le prend dans ses mains.

Il le tourne et le retourne entre ses doigts, ferme les yeux et fait un vœu.

– Je n'aurai plus jamais zéro grâce à toi... Oh ! Mur merveilleux !

Il replace le mur dans la petite fente et s'interroge sur le dernier compartiment. Il est vide mais il reconnaît le moulage d'une clef, la dernière, pense-t-il. Que faudra-t-il qu'il fasse pour tenter de la gagner ? Nina n'est pas là... Triste de son absence, il referme le coffret. Il le soulève délicatement pour le poser sur son bureau. Mais oui, il y a un message gravé dans le bois précieux du coffret, là caché dessous !

Il lit :

> Souffle fort, très fort sur chacune des quatre clefs
> mais seulement après la rentrée des classes.

Hugo sourit : il sait que Nina tient toujours ses promesses.

✎ **À toi de gagner !**

✎ Mon frère fait un gâteau, et j'aimerais bien l'[aider ; aidé ; aidez].

☆ Mon frère fait un gâteau, et j'aimerais bien l'aider.

✎ Il faut [coupé ; couper ; coupez] les abricots.

☆ Il faut couper les abricots.

✎ J'ai oublié d'[ajoutez ; ajouté ; ajouter] une pincée de sel dans la farine.

☆ J'ai oublié d'ajouter une pincée de sel dans la farine.

✎ Je dois [mélanger ; mélangé ; mélangez] avec les doigts.

☆ Je dois mélanger avec les doigts.

✎ Le plat a déjà été [beurrer ; beurrez ; beurré] par papa.

☆ Le plat a déjà été beurré par papa.

✎ Il suffit de tout [verser ; versé ; versez] dans le plat, avant d'[enfourné ; enfournez ; enfourner] le régal du soir.

☆ Il suffit de tout verser dans le plat, avant d'enfourner le régal du soir.

✎ Pour [surveiller ; surveillez ; surveillé] la fin de la cuisson, on a appelé maman.

☆ Pour surveiller la fin de la cuisson, on a appelé maman.

CHAPITRE 7

Un traître à démasquer

Hugo rentre de l'école avec, dans son cartable, la dictée du jour. Il n'a plus zéro et est fier de ses progrès. Il a bien reconnu le roi ÊTRE et le roi AVOIR. Il a bien appliqué tout ce que Nina lui a fait découvrir. La maîtresse l'a d'ailleurs félicité. Quel bonheur pour lui ! Après le repas, Hugo monte se coucher à toute vitesse.

Allongé sur son lit, il souffle fort, très fort sur chacune des clefs et attend, les yeux fermés... Quelques secondes plus tard, Nina est là...

– Bonsoir, Hugo, tu as l'air joyeux ce soir !

– Je suis content, Nina. J'ai très bien travaillé à l'école, aujourd'hui. Le roi ÊTRE et le roi AVOIR étaient souvent là dans la dictée. J'ai fait exactement comme tu me l'as appris. Mais tu sais, Nina, dans la dictée, il y a deux phrases que je n'ai pas su écrire correctement. Pourtant, j'ai posé la bonne question au roi ÊTRE, je lui ai demandé : « QUI EST-CE QUI ? » mais la maîtresse a souligné deux erreurs et je n'ai pas osé lui demander pourquoi. La première phrase était : « Ma sœur s'est acheté des bonbons » et la deuxième : « Virginie et Sophie se sont parlé à voix basse ».

– Bon, dit Nina. C'est bien pour cela que je suis revenue ce soir. C'est un piège assez rare et compliqué du méchant roi AVOIR. Il fallait que, tout seul, tu découvres le dernier défi du roi AVOIR.

– Encore un coup monté ! Quel tordu celui-là !

– Tu sais, Hugo, il arrive, de temps en temps, que le roi AVOIR prenne la place du roi ÊTRE. Il devient alors un traître à démasquer.

– Ah, non ! dit Hugo. Ce n'est pas possible que le roi AVOIR soit si méchant ! Alors, je vois le verbe ÊTRE, et c'est le verbe AVOIR qui s'est déguisé !

– Je le regrette, mais c'est pourtant la vérité. Écoute-moi bien ! Tu dois te tenir vraiment sur tes gardes quand tu trouves ceci dans une de tes marches arrière...

Sur son écran magique, Nina fait apparaître une liste qu'Hugo connaît déjà, mais il remarque surtout l'avertissement qu'elle dessine soigneusement.

💣 = DANGER, TRAÎTRE À DÉMASQUER !

Je 💣 me suis

Tu 💣 t'es

Il ou elle 💣 s'est

Nous 💣 nous sommes

Vous 💣 vous êtes

Ils ou elles 💣 se sont

– Quand tu vois cette alerte, les choses deviennent plus compliquées. D'habitude, tu poses une seule question pour savoir comment accorder le participe passé ; mais là, il faudra en poser deux. La deuxième servira à démasquer le traître, s'il est là ! C'est une question magique à laquelle le traître ne peut pas s'empêcher de répondre et ainsi tu pourras le démasquer.

Nina écrit la phrase de la dictée d'Hugo sur son écran.

Ma sœur 💣 s'est acheté... des bonbons.

– *é*, je m'arrête, dit Hugo. Je recule et je trouve *est*, je peux dire ÉTAIT donc c'est le roi ÊTRE.

– Pas mal, Hugo ! Mais recule encore.

– Là, je trouve *s'*, alors je suis en danger ! Bombe !

– Si tu vas doucement, tout se passera bien. On continue. Entoure la bombe 💣 et dessine un 2 au bout de la mèche, 💣❷, pour te souvenir que dans ce cas précis, tu dois avancer prudemment et surtout ne pas oublier la question magique qui commence toujours par un À : À QUI, POUR QUI ?

Devant le tableau magique, Hugo n'est pas très rassuré. Nina le voit et lui donne une idée.

– Hugo, dessine ta phrase s'il te plaît.

Interloqué par le mot « dessine », Hugo ne comprend pas bien ce que veut Nina.

– Pourquoi ?

– Cela va t'aider.

Et avec sa baguette magique, Nina dessine sous la phrase :

Allez, Hugo, on y va !

1° Première question : QUI EST-CE QUI s'est acheté... des bonbons ?

– Ma sœur, répond Hugo.

– Bien, Hugo. Ne bouge pas d'ici et pose la deuxième question magique.

2° Deuxième question : À QUI, POUR QUI ma sœur s'est acheté... des bonbons ?

– À elle-même, pour elle-même, crie Hugo ! Ça, c'est une bonne réponse ! Il est là, Nina, il a répondu ! AVOIR est là !

– Sors ton mur et place-le après **achet<u>é</u>**...

Nina fait répéter Hugo une dernière fois.

– QUI EST-CE QUI s'est acheté... des bonbons ?

– Ma sœur.

– Entoure ta réponse.

– À QUI, POUR QUI elle s'est acheté... des bonbons ?

– À elle-même, pour elle-même.

Nina trace une flèche des bonbons vers la sœur et écrit « à elle-même, pour elle-même ». Elle précise à Hugo qu'il peut sauter le mur et faire comme si AVOIR était là.

– Je peux les emporter, ils sont là, au pied du mur ! Victoire ! Je t'ai démasqué, vilain traître que tu es !

Ma sœur s'est acheté des bonbons.

Nina rit de voir Hugo heureux. Il fait un peu le fou mais elle le regarde, attendrie.

– Nina, encore une phrase s'il te plaît.

D'un coup de baguette magique, elle écrit :

Les bananes que les singes 💣 se sont partag<u>é</u>... étaient mûr...

Hugo s'approche et commence sa marche arrière.

mûr..., je recule, je vois ÊTRE, QUI EST-CE QUI étaient mûr... ?

Ce sont les bananes. UNE banane : *e* ; LES bananes : *s* ; j'accorde mûr... : mûres. Puis le <u>é</u> de partag<u>é</u>... : je recule, je vois ÊTRE mais je vois aussi la bombe. Je l'entoure et je mets mon 2 : 💣❷.

Hugo veut y arriver, alors il se met à dessiner les bananes et les singes, et se dit : Allez, j'y vais en deux coups.

D'abord, la première question : « QUI EST-CE QUI se sont partagé... les bananes ? » Réponse : les singes, et il les entoure soigneusement.

Les bananes que (les singes) 💣 se sont [partag<u>é</u>] étaient mûres

Il regarde bien son dessin et se lance pour la deuxième question.

– À QUI, POUR QUI les singes se sont partagé... les bananes ?

Réponse qui arrive directement :

– À eux-mêmes, pour eux-mêmes, s'écrie Hugo.

Il dessine ses flèches et écrit sa réponse dessus. Il est certain que le traître, le roi AVOIR déguisé en ÊTRE, est là.

Il dessine le mur après **partagé**...

Il saute le mur en posant la question : les singes se sont partagé... QUOI ? Réponse : les bananes.

J'ai remonté mon mur, donc j'accorde **partagé**... UNE banane : *e* ; LES bananes : *s*. Et voilà ! Le tour est joué !

Nina n'en revient pas. Heureuse pour Hugo et très, très fière de lui...

Les bananes que les singes se sont partagées étaient mûres.

– Je sens, Hugo, que tu te rapproches de plus en plus de ta clef manquante. Alors, comment vas-tu t'y prendre avec cette autre phrase ? demande Nina.

Elle efface d'un claquement de doigts ce qui était écrit sur son tableau et dit à Hugo :

Le **premier cas,** c'est quand le traître est là et qu'on peut dessiner un objet ou quelque chose qui revient vers...

Le **deuxième cas** est tout simple. On peut toucher un endroit précis du corps.

Et Nina fait apparaître la phrase suivante :

Virginie s'est bouché... le nez
avant de sauter dans l'eau.

Elle dessine Virginie qui se bouche le nez, qui touche son nez.

Nina prévient Hugo que le traître est là et procède en deux temps.

– QUI EST-CE QUI s'est bouché... le nez ?

Réponse : Virginie. Hugo l'entoure.

– À QUI, POUR QUI Virginie s'est bouché... le nez ?

– À elle-même, pour elle-même, répond Hugo en se bouchant le nez.

Nina lui dit : Allez ! on dessine le mur après **bouché**...

Virginie s'est bouché... QUOI ? Réponse : le nez, je file.

Virginie s'est bouché le nez avant de sauter.

– Oui, oui, oui ! s'exclame Nina.

– Une autre phrase, Nina, s'il te plaît. J'adore dessiner finalement. On comprend mieux, précise Hugo. Allez, une dernière s'il te plaît !

Maman 💣s'est maquill<u>é</u>... les yeux ce matin.

Hugo, malin, imite tout simplement sa mère devant le miroir de la salle de bains. Nina raffole des situations où Hugo oublie tout et s'amuse comme un petit fou.

– Fastoche, il est là ! AVOIR, je t'ai démasqué.

Il va alors très vite et se dit tout bas :

– QUI EST-CE QUI s'est maquillé... les yeux ? et il fait le geste : maman.

– À QUI maman s'est maquillé... les yeux ? : à elle-même.

Et hop ! Je dessine le mur après **maquill<u>é</u>**...

Je saute en criant QUOI ? Réponse : les yeux, je file et hop, hop, hop ! Dans la poche !

– Hugo, calme-toi, voyons, dit la fée doucement. Je te montre encore un cas où le traître sera là. Il est plus difficile, mais si tu es bien concentré, tu verras, tu y arriveras.

Hugo regarde attentivement la phrase que Nina s'applique à écrire sur le tableau magique.

Les lettres qu'Alice et Hugo 💣se sont envoy<u>é</u>... sont bien cachées.

Hugo sourit car c'est vrai. Ils s'écrivent souvent des courriers... Alors tout naturellement, il dessine Alice, lui-même et des courriers. Mais il efface les courriers et recommence son dessin. Et dessine deux flèches, une qui part d'Hugo et l'autre qui part d'Alice.

Bravo ! Là, vraiment je te félicite. Eh oui ! tu as trouvé le **troisième cas.** Il y a bien un aller-retour.

Allez, vas-y, Hugo ! Marche arrière du point à la majuscule.

Les lettres qu'Alice et Hugo 💣*se sont envoyé... sont bien cachées.

1° QUI EST-CE QUI se sont envoyé... des lettres ? Alice et Hugo.

2° À QUI, POUR QUI ? À eux, pour eux.

Il est là ! AVOIR a pris la place de ÊTRE. Je dessine mon mur après **envoyé...** Envoyé... QUOI ? Réponse : les lettres.

J'ai remonté le mur, alors j'accorde : *es.*

Les lettres qu'Alice et Hugo se sont envoyées sont bien cachées.

Avant même qu'Hugo ne se retourne, Nina a écrit ceci :

Alice et Hugo 💣* se sont baigné... en mer.

Hugo s'active et dessine. Il réfléchit et se dit que :

– Non, il n'y a rien qui revient vers

– Non, il n'y a pas un endroit précis du corps que l'on peut toucher

– Non, il n'y a pas un aller-retour

Alors, tout fier, il dit :

– Nina, le traître n'est pas là !

– Oui, mais assure-toi toujours en posant les deux questions.

Hugo s'exécute.

QUI EST-CE QUI se sont baigné... en mer ? Alice et Hugo.

Alice et Hugo *se sont baign*é... en mer.

À QUI Alice et Hugo se sont baigné... ?

– Mais, Nina, c'est ridicule !

– Assure-toi en mettant le À QUI après baigné...

– Ils se sont baigné... À QUI ? Ridicule de chez ridicule. Alors ça veut dire quoi, Nina ?

– Hugo, quand la question est ridicule, qu'on ne peut pas répondre, c'est tout simplement que le roi AVOIR, le traître, n'est pas là !
Donc ?

– Donc... c'est bien le gentil roi ÊTRE qui est là et j'accorde si besoin.
Hugo met le *s* à *baign*é... :

Alice et Hugo *se sont* baignés en mer.

et se retourne vers Nina.

– C'est ça ?

– Oui, oui. Parfait ! Et pour celle-ci :

Alice 💣s'est lev_é_... tôt ce matin.

À la vitesse de la lumière, Hugo recule et réfléchit.

1° QUI EST-CE QUI s'est levé... tôt ce matin ? Réponse : Alice.

2° À QUI elle s'est levé... tôt ce matin ? Réponse : ridicule !

Il continue comme lui a indiqué Nina. Il se dit : Alice s'est levé... À QUI ?

Cela confirme immédiatement qu'AVOIR n'est pas là !

Il accorde donc avec ÊTRE et met un *e* à lev_é_...

Alice s'est levée tôt ce matin.

Il saute, il court, il crie, bref il exprime sa joie et ne peut pas se retenir. Il pose un gentil bisou sur la joue de Nina.

Nina en profite pour sortir la cinquième clef. Celle-ci est en or ! Elle l'offre à Hugo en lui demandant simplement de la ranger précieusement dans son coffret.

– Avant chaque dictée, ouvre le coffret et regarde les cinq clefs attentivement. Tu verras, tout te reviendra en mémoire comme si j'étais à côté de toi. C'est le pouvoir magique des cinq clefs réunies.

– Nina, ne me dis pas que l'on ne se reverra plus jamais... Si j'ai à nouveau besoin de toi, est-ce que je pourrai souffler sur mes clefs pour que tu viennes me retrouver ?

– Hugo, promets-moi juste de ne pas t'en séparer pour l'instant. Garde-les précieusement avec toi.

– Oui, oui... Mais Nina, si tu pars, tu vas me manquer.

– Sois patient, Hugo. Aie confiance en toi et tout ira bien...

Hugo suit Nina des yeux. Elle disparaît très vite au milieu des étoiles.

Il tient la clef en or encore bien serrée dans le creux de sa main. Il se sent calme, léger, heureux maintenant. Il est fier. Il se dit que Nina a raison. Il faut qu'il ait confiance en lui.

Et c'est à ce moment précis que la clef laisse jaillir un rayon lumineux si puissant, si brillant, et qui monte si haut dans la nuit qu'Hugo le suit des yeux jusqu'au milieu du ciel. Comme un crayon magique, le rayon se déplace et laisse une trace. Hugo voit se dessiner au plus noir de la nuit une phrase qui lui est destinée :

À très bientôt,
Nina

✎ À toi de gagner !

- ✎ La girafe s'est [acheté...] un peigne avant la fête de la savane.

  ☆ La girafe s'est acheté un peigne avant la fête de la savane.

- ✎ Les vautours se sont [parlé...] à voix basse pour que personne n'entende leurs secrets.

  ☆ Les vautours se sont parlé à voix basse pour que personne n'entende leurs secrets.

- ✎ La cheville que Julien s'est [cassé...] le fait souffrir.

  ☆ La cheville que Julien s'est cassée le fait souffrir.

✎ Ils se sont [adressé...] des mots doux.

☆ Ils se sont adressé des mots doux.

✎ Sophie s'est [couché...] tôt ce soir.

☆ Sophie s'est couchée tôt ce soir.

✎ Mme Durand s'est [coupé...] le bout du doigt.

☆ Mme Durand s'est coupé le bout du doigt.

✎ Les amoureux se sont [plu...] tout de suite.

☆ Les amoureux se sont plu tout de suite.

✎ Les aventures d'Hugo se sont [succédé...], toujours plus étonnantes les unes que les autres.

☆ Les aventures d'Hugo se sont succédé, toujours plus étonnantes les unes que les autres.

CHAPITRE 8
Au royaume du
QUI EST-CE QUI ?

Hugo, ce soir, a décidé de se coucher tôt : il veut être en forme, demain, pour le grand cross de trois kilomètres organisé par l'école.

Avant de se mettre au lit, il jette un regard dehors. Rêve-t-il déjà ? Le cheval ailé de la fée Nina vient de passer devant la fenêtre de sa chambre.

Éclador semble prêt à l'emmener pour de nouvelles aventures. Hugo dévale l'escalier de la maison, court dans le jardin, rejoint le cheval et l'enfourche, sans une seule hésitation.

Éclador vole à toute vitesse depuis un moment. Hugo, les bras serrés autour du cou du grand cheval, se sent en sécurité. Grisé par la vitesse et le vent, il garde les yeux mi-clos.

Ils survolent à présent la mer. Où vont-ils ? Tout à coup, une bulle translucide vient à leur rencontre et les enveloppe. Elle tourne sur elle-même et plonge dans l'océan.

Hugo découvre pour la première fois les fonds marins. Des étoiles de mer frôlent la bulle. Des poissons les regardent s'enfoncer. L'engin franchit l'entrée d'une grotte sous-marine, descend le long des parois parsemées d'algues et de coraux multicolores, puis ralentit.

Comme dans un jeu de piste, une multitude de petites pancartes indiquent des directions : « Vestiaires des verbes », « Sujets pluriels ». Hugo comprend : il vient de pénétrer au royaume des Verbes et des Sujets. Incroyable !

La bulle suit la pancarte :

– Aïe, grimace Hugo.

Qu'est-ce qui m'attend !

La bulle s'immobilise et s'ouvre enfin. Nina est là.

– Bienvenue dans le royaume du QUI EST-CE QUI ? Ici, tu es un invité de marque.

Hugo suit la fée qui se dirige vers une lourde porte blindée.

Elle tourne un petit volant, la porte s'ouvre et, comme dans un sous-marin, ils entrent au cœur du royaume. Mais là, debout, les bras croisés, surprise ! Le roi AVOIR est là. Hugo le salue et suit Nina qui le guide vers un écran d'eau qui vient de s'éclairer ; elle lui explique :

– Ici, les verbes cherchent à s'accorder avec leurs sujets. Il te suffit de leur poser une seule question pour qu'ils te répondent et t'aident alors à effectuer le bon accord. Regarde sur l'écran la phrase que le roi AVOIR t'avait préparée :

> Hugo [avoir] de la chance,
> le roi AVOIR est de bonne humeur.

Comment vas-tu accorder le verbe AVOIR ? Rappelle-toi le nom de ce pays.

– Le royaume du QUI EST-CE QUI ?

– Oui, et même le roi AVOIR obéit à la question QUI EST-CE QUI ? Cette question s'impose à tous les verbes, même à lui. Cette question te permet de les conjuguer. Hugo, tu as appris tes conjugaisons. Elles vont te servir.

Nina lui dit tout bas :
> **j'ai,** et elle épelle la terminaison **(a-i)**
> **tu as,** et elle reprend en épelant **(a-s)**
> **il** ou **elle a (a)**

Et Hugo termine en disant :
> **nous avons (o-n-s)**
> **vous avez (e-z)**
> **ils** ou **elles ont (o-n-t)**

– Donc : QUI EST-CE QUI a... de la chance ? Réponse : Hugo.

– Comme je connais ma conjugaison, je vais écrire :

> Hugo a de la chance,
> le roi AVOIR est de bonne humeur.

Le tour est joué ! Tu sais, en dictée, je n'oublie plus de m'arrêter sur les sons **é, i, u.** Mais je fais encore l'erreur de ne pas poser la question « QUI EST-CE QUI ? » à tous les verbes que je rencontre pour les accorder avec leurs sujets. Alors, forcément, ils ne me répondent pas.

– Comprends-tu maintenant pourquoi le roi AVOIR était dans les parages ?

– Oui, répond Hugo, il voulait me piéger. Grâce à toi, Nina, je n'oublierai plus de poser la question magique.

– Mais regarde, Hugo, les habitants t'envoient un message sur l'écran d'eau :

> Aucun des habitants du royaume
> ne [souhaiter] voir Hugo en difficulté.

Nina montre l'écran :

– Regarde bien le premier mot.

– Oui, dit Hugo. Je lis : Aucun.

Il sent qu'une difficulté pointe son nez car lorsqu'il demande : « QUI EST-CE QUI ne souhaite pas voir Hugo en difficulté ? », la réponse qui lui parvient est : Aucun **des habitants du royaume**.

Hugo ne sait pas quoi faire. Il se tourne vers la fée et lui demande :

– Nina, dans ma réponse, je tiens compte de **aucun** ou de **des habitants du royaume** ?

Nina lui sourit :

– Tu n'as pas le choix. C'est **aucun** qui l'emporte. **Aucun** veut dire « rien » ou « personne » : pas un seul habitant du royaume.

Dis-toi que « aucun » c'est zéro ! Donc singulier. C'est comme **nul** dans **nul ne souhaite voir Hugo en difficulté**. On va rencontrer d'autres sujets qui demandent toujours le singulier.

– Ah, comprend alors Hugo. Je vois pourquoi la pancarte indiquait SUJETS DANGEREUX. Voilà le premier, c'est **aucun** !

– Tu verras, bientôt tu sauras les reconnaître d'un seul coup d'œil, ces sujets qui demandent le singulier.

Hugo avance alors son index et écrit sur l'écran d'eau :

> Aucun des habitants du royaume
> ne souhaite voir Hugo en difficulté.

L'écran d'eau clignote et envoie un deuxième message :

> Rien ne [pouvoir] empêcher
> les filles d'avancer.

Hugo s'interroge sur le verbe **pouvoir** : « QUI EST-CE QUI ne **peut** empêcher les filles d'avancer ? » Réponse : Rien. Hugo comprend. Rien, comme aucun, est un sujet qui attend le singulier. Rien, c'est « zéro ». Il demande le singulier parce qu'il est lui aussi égal à zéro ! Hugo écrit sur l'écran d'eau :

> Rien ne peut empêcher les filles d'avancer.

– C'est facile ! J'ai déjà trouvé la réponse en posant la question « QUI EST-CE QUI ? ». En prononçant la phrase dans ma tête, j'ai entendu **peut**, donc j'ai été rassuré, c'était le singulier. L'oral m'aide.

Mais déjà une nouvelle phrase flotte sous le nez d'Hugo.

> Pour une robe de fée,
> n'importe quel chiffon [convenir], puisque
> Nina le transforme d'un coup de baguette.

Hugo demande : QUI EST-CE QUI convient ? Réponse : **N'importe quel chiffon.**

Hugo regarde Nina qui lui explique, que, là encore, c'est bien le singulier qui va l'emporter.

– Hugo, écoute-moi bien. **N'importe lequel** convient : n'importe lequel, au singulier !

Hugo reprend sa phrase de départ et écrit alors **convient** au singulier, ce qui donne :

Pour une robe de fée, n'importe quel chiffon convient,
puisque Nina le transforme d'un coup de baguette.

Il commence à les reconnaître, ces sujets difficiles qui demandent le singulier. **Rien, personne, aucun** : c'est égal à zéro. Attention ! **N'importe lequel,** c'est égal à un parmi d'autres. C'est singulier. Lui qui avait du mal, le voilà qui maintenant les repère au premier coup d'œil. Il cherche alors avec Nina, dans les phrases flottantes, celle qui lui paraît la plus difficile, et il trouve :

Nina se dit qu'il a du courage. Hugo répète la phrase. Sans paniquer, il demande :

Coquillages, algues et coraux, tout [sembler]
vivre en harmonie dans l'océan.

« QUI EST-CE QUI semble vivre en harmonie ? ». La réponse qui lui arrive est d'abord : **Coquillages, algues et coraux.** Mais Hugo se dit :

– J'ai mieux. J'ai **tout.** Ici, **tout** est un petit mot qui regroupe en un seul ensemble le début de la phrase. **Tout,** c'est singulier. Dans sa tête, il n'entend pas **tous,** mais bien **tout** avec un **t** à la fin. Il écrit alors avec son index :

Coquillages, algues et coraux, tout semble
vivre en harmonie dans l'océan.

Sans un mot, Nina lui demande de le suivre.

Ils entrent dans un sas étroit et bas. Ils s'y enfoncent chacun à son tour. Nina l'emmène rendre visite à trois cousins qui demandent le singulier : chaque, chacun, chacune.

– Écoute, Hugo, dans chacun ou chacune, tu peux entendre **chaque un, chaque une.**

Nina lui chatouille le menton avec sa baguette magique.

– Si tu ne penses pas que chaque = 1, alors tu risques de te tromper ! Mais je te laisse, Hugo, car ici, il n'y a de la place que pour 1...

Et elle retourne dans le sas étroit où l'on ne passe que un par un : chaque 1 à son tour. Hugo, lui, se retrouve dans une minuscule pièce, fortement éclairée. Contre le mur, une table, une chaise et un ordinateur à écran plat.

– Bienvenue dans la tour de contrôle qui règle la circulation des bulles, annonce la voix d'une jeune femme dans un haut-parleur accroché au plafond. Je t'attendais. Mets le casque sur tes oreilles.

Hugo y entend d'abord le bruit des vagues. Puis la voix reprend.

– Je suis la sirène du royaume du Singulier. Habituellement, c'est moi qui suis aux commandes de cette tour de contrôle, mais ce soir, je te laisse la place. Pour commencer, tu enverras des messages de sécurité aux bulles qui circulent en ce moment.

Hugo est fier de sa nouvelle responsabilité. La voix lui dicte un premier message à envoyer. Il doit vite le taper sur le clavier. Hugo se répète la phrase dans sa tête et pense à Nina. Elle m'a bien dit que **chaque** = 1, donc « QUI EST-CE QUI a... l'obligation d'attacher sa ceinture » ? Réponse : **chaque passager**. Je vais écrire **a** en l'accordant à la troisième personne du singulier. Pourtant, quand Hugo imagine la scène, il voit beaucoup de passagers qui, dans toutes les bulles, attachent leurs ceintures. Mais il s'en tient à ce que Nina lui a dit et envoie le message aux bulles :

Avant le départ, chaque passager a l'obligation
d'attacher sa ceinture.

– Tu restes au clavier, Hugo, dit la voix dans le casque. J'ai un deuxième message de sécurité à envoyer :

Rappel :
Pour votre sécurité à tous, il vaut mieux
que chacune des bulles [allumer]
ses lanternes sans attendre la nuit.

Hugo se pose à nouveau la question magique : « QUI EST-CE QUI doit allumer ses lanternes » ? Réponse : **chacune *des bulles*** (chaque une). Il tape sur son clavier :

*Rappel : Pour votre sécurité à tous, il vaut mieux
que chacune des bulles allume
ses lanternes sans attendre la nuit.*

– Parfait. Voici un autre message, lui indique la voix.

> Message spécial aux pilotes débutants :
> n'oubliez pas de freiner avant
> chaque [virage].

Hugo est prêt à transmettre le message à l'ensemble des bulles du secteur, mais il se dit : virage ? C'est un nom, ça ! Avec ou sans *s* ?

Si les pilotes ralentissent avant chaque [virage], c'est un virage après l'autre. Je ne vais pas mettre de *s* à virage. Une fois de plus, chaque = 1, chaque est tout seul, pas de place pour le pluriel. Voilà.

Il écrit alors sur l'ordinateur de commande :

*Message spécial aux pilotes débutants :
n'oubliez pas de freiner avant chaque virage.*

– Tu vas bientôt pouvoir rejoindre Nina, mais veux-tu bien envoyer un dernier message aux bulles du secteur, s'il te plaît ? dit la sirène.

> Pour les chauffeurs des taxis-bulles :
> les derniers à s'installer sont ceux ou celles
> qui les [piloter].

Hugo entend dans sa tête : ceux ou celles qui les pilote... Il a envie de mettre un **s** à pilote. Mais il ne se souvient pas d'avoir vu une pancarte indiquant **les** dans les sujets dangereux. Il aimerait tant que Nina intervienne.

Mais oui, c'est la voix de Nina ! Il l'entend à droite du casque. Sauvé ! se dit Hugo.

– Attention ! lui dit Nina discrètement. Je sais ce que tu t'apprêtes à faire. Réfléchis un instant. Les conducteurs des bulles apprécient de recevoir tes messages parfaitement écrits sur les écrans de leurs tableaux de bord.

Hugo a une illumination : pilote..., ici, c'est bien le verbe **piloter** de l'écran. Je vais l'accorder avec son sujet. Je vais bien le trouver si je lui demande QUI EST-CE QUI les pilote... ? Et la réponse lui saute aux yeux. Il a trouvé : c'est ceux ou celles qui pilote... les taxis-bulles. Oui, le sujet est pluriel. Ceux ou celles, ce sont les chauffeurs des taxis-bulles. Il accorde le verbe à la troisième personne du pluriel et écrit **pilotent** :

> Pour les chauffeurs des taxis-bulles : les derniers
> à s'installer sont ceux ou celles qui les pilotent.

Dans son casque, Hugo entend la voix de Nina qui lui demande de venir la rejoindre. La sphère attend Hugo à la sortie. À peine est-il assis que la bulle démarre.

À l'intérieur, la voix de Nina se fait entendre à travers un haut-parleur :

– Félicitations, Hugo ! Tu as réussi cette fois encore. Ton courage et ta persévérance t'ont permis d'être le champion des sujets dangereux.

Hugo sourit tout en remontant à la surface. La sphère flotte ! Émerveillé, il se laisse dériver et ballotter par les flots. Puis, comme un poisson volant, la bulle décolle, jaillit dans les airs et dépose Hugo au fond de son jardin. Notre jeune héros rentre par la porte arrière de sa maison. Ça sent bon la cuisine. Il a faim ! Cette aventure lui a creusé l'appétit.

– Que c'est bon de rentrer chez soi ! se dit-il.

Il grimpe vite dans sa chambre. Il referme doucement la porte et s'allonge sur son lit, heureux !

Non, il n'aura plus jamais zéro ! Terminée la galère, il se sent plus fort, il se sent guéri d'un mal qui le rongeait depuis longtemps.

✎ Rien n'[être] plus excitant que de filer au ras de l'eau.

☆ **Rien n'est** plus excitant que de filer au ras de l'eau.

✎ Aucun obstacle n'[arrêter] les navigateurs solitaires dans leur tour du monde à la voile.

☆ Aucun obstacle **n'arrête** les navigateurs solitaires dans leur tour du monde à la voile.

✎ Tout le monde [pouvoir] venir admirer les baleines, au Québec.

☆ Tout le monde **peut** venir admirer les baleines, au Québec.

✎ Quelque chose [scintiller] sur le rocher au loin.

☆ Quelque chose **scintille** sur le rocher au loin.

✎ Certains vêtements [sembler] encore tout neufs.

☆ Certains vêtements **semblent** encore tout neufs.

✎ À un quart d'heure du départ, la moitié des vêtements n'[arriver] pas à trouver de place dans le sac.

☆ À un quart d'heure du départ, la moitié des vêtements **n'arrive** pas à trouver de place dans le sac.

✎ Plusieurs [partir] dans la valise de mon frère.

☆ Plusieurs **partent** dans la valise de mon frère.

✎ Certains [se mélanger] avec le matériel de plongée.

☆ Certains se **mélangent** avec le matériel de plongée.

✎ D'autres me [servir] de coussin pour me hausser dans la voiture.

☆ D'autres me **servent** de coussin pour me hausser dans la voiture.

CHAPITRE 9
Le bonus de Nina

Voilà presque cinq semaines qu'Hugo n'a pas eu de nouvelles de Nina. Pendant tout ce temps, il s'est appliqué à l'écrit et les progrès sont visibles ! Ses parents s'en réjouissent et le félicitent souvent.

Hugo a tout pour être heureux mais Nina lui manque et toutes ses aventures si passionnantes avec elle. Les vacances de Pâques sont pour demain soir et il aura du temps pour l'appeler.

Il prépare donc son cartable avec bonne humeur ce matin. Toute la classe part en sortie. Les élèves se rendent dans un village troglodyte pour étudier le mode de vie de ses habitants.

À l'arrêt du bus, Hugo ne retrouve aucun de ses amis. Il s'étonne, regarde sa montre mais l'aiguille tourne toute seule. Incroyable ! Les heures défilent à la vitesse de la lumière. Hugo est perdu mais d'un seul coup, il entend derrière lui trottiner un cheval. Oui ! Il reconnaît le bruit des sabots sur la route, c'est sûr, c'est Éclador !

À peine le temps d'attraper son sac, il est déjà sur son dos. En quelques secondes, il survole le plus long fleuve de France.

Éclador dépose Hugo dans la cour d'une ancienne ferme. Une planche en bois indique : « sens de la visite ». Il entre dans une première pièce où il a la sensation de se retrouver à l'intérieur d'un œuf géant. Le sol est creux et les parois ont un petit air penché. Des milliers de bougies sont allumées... Il entend la voix de Nina derrière lui, alors qu'elle est là, juste devant lui. Mais comment est-ce possible ?

Hugo prend un malin plaisir à écouter l'écho de sa propre voix qui d'un coup est tellement forte qu'il est obligé de parler tout bas. Et pourtant Nina se bouche les oreilles.

– Mais où sommes-nous ?

– Dans la salle aux mille voix... Tu as remarqué comme le son se répercute sur les pierres, c'est marrant, non ? demande Nina.

– Oui, on se croirait à la montagne quand l'écho nous revient d'une paroi à l'autre. Mais, Nina, qui a allumé toutes ces bougies ? C'est toi ?

Et là, stupéfaction !

– Bienvenue, Hugo, on m'appelle monsieur Troglo-temps. Je vis ici avec tous mes amis, nous ne sortons jamais. Notre mission est ultrasecrète. Mon rôle aujourd'hui est de te faire découvrir comment écrire sans te tromper les mots féminins précédés de l'article « la » ou « l' » et se terminant par le son é.

– Ah non ! Pas ça ! Je croyais bien en avoir terminé avec les é, moi !

– Hugo, tu vas voir, c'est tout simple ce que Troglo-temps va t'apprendre, réplique Nina. Cette salle a une particularité. N'as-tu pas l'impression d'avoir perdu la notion du temps ?

– C'est vrai, ça. Ma montre aussi déraille complètement, la grande aiguille n'arrête pas de tourner, les heures défilent toujours aussi vite, constate Hugo en regardant son poignet gauche. Mais je me sens bien dans cette drôle de pièce, il y fait bon et je suis avec Nina, donc rien ne peut m'arriver. Je suis en sécurité. J'ai l'impression d'être dans une grosse caisse de résonance.

– C'est pour que tu retiennes tout ce que j'ai à te dire. La répétition, Hugo, la répétition ! insiste monsieur Troglo-temps.

Dans cet endroit unique, Nina a trouvé un petit siège en pierre. Elle s'assoit. Elle rêve, se dit Hugo en la regardant du coin de l'œil.

– Alors, mon ami, es-tu prêt ?

– Je suis prêt, répond Hugo.

Comme si l'air manquait, toutes les bougies s'éteignent en même temps. Hugo voit apparaître une horloge flottante sur la paroi se trouvant face à lui. Nina s'approche elle aussi et lui tapote l'index de sa baguette magique.

– Je vais te dévoiler un premier secret, dit l'homme du temps. Fais le tour de l'horloge avec ton index en tournant toujours dans le sens des aiguilles d'une montre.

Hugo s'exécute. Il touche la pendule et l'homme du temps lui dit :
– Stop, tu viens de toucher *la duré[e]* du bout de ton doigt, alors tu peux lui mettre un *e*. Hugo obéit et pose un *e* à la *durée*.

Il est surpris, mais monsieur Troglo-temps continue et prononce un autre mot :
– *la journé[e]*... Alors, petit, comment vas-tu écrire ce mot-là ?

Hugo se dit que *la journé[e]* s'écrit avec un *e*, mais il ne saurait l'expliquer. Ce mot est stocké dans sa « réserve », il est sûr d'avoir raison. Mais Troglo-temps veut une explication. Hugo réfléchit et réalise que la journé[e], c'est vingt-quatre heures, alors consciencieusement il fait deux fois le tour de la pendule et met un *e* à la *journée*.

– Bien, Hugo, tu es prêt à recevoir le secret que nous détenons ici. Je te le délivre une seule fois mais la salle aux mille voix t'aidera à le mémoriser.

Ferme tes yeux et écoute-moi bien : si tu peux toucher avec ton doigt le cadran de l'horloge du temps qui passe, alors tu peux poser un *e*.

Apparaissent alors devant ses yeux quatre mots :

La matiné... la soiré...
la veillé... la nuité...

Hugo se met immédiatement au travail. De son index, il signale sur le cadran que *la matinée* prend un *e*, et fait glisser son doigt de sept heures du matin à midi.

Pour *la soirée*, il fait glisser son doigt entre dix-huit heures et vingt-deux heures.

Pour *la veillée*, lui est couché, dit-il à Troglo-temps, mais souvent, ses parents discutent tard le soir, alors il décide de faire bouger son doigt de vingt-deux heures à minuit.

Pour *la nuité*... il ne sait pas quoi faire, mais Troglo-temps lui fait un signe et lui glisse à l'oreille : quand tu seras grand, il t'arrivera parfois de dormir à l'hôtel pour une nuit. Cela s'appelle une *nuitée*, tu peux mettre un *e* parce qu'il s'agit d'une durée.

Hugo comprend que ce nouveau secret va lui être bien utile. Combien de fois s'est-il interrogé dernièrement sur ces mots féminins. Lui avait toujours envie de mettre un *e* à cause de l'article devant : la.

– Hugo, dit Nina qui n'a pas loupé une miette de cette démonstration, voici les mots qui nous signalent le temps qui passe… Mais maintenant, à moi de te faire deviner des mots qui, par contre, sont liés à une heure précise.

Hugo adore les devinettes et se sent prêt.

Nina lui fait signe que c'est parti !

– Comment s'appelle le mouvement de la mer qui va et qui vient, qui monte et qui descend ?

– La marée, répond Hugo.

– Bravo, un point ! Comment s'appelle l'endroit où l'on vend le poisson dans les ports ?

– Je sais, Nina, la criée. J'en ai visité une avec mes parents cet été.

Nina précise à Hugo que si l'heure de la marée n'est pas passée, il n'y aura pas de poissons à vendre à la criée… et la salle aux mille voix répète : l'heure précise, Hugo.

– Si je m'équipe d'un masque, de palmes, et d'une bouteille d'oxygène, je vais faire… ?

– …de la plongée, s'esclaffe Hugo.

– Si je ne mets qu'un masque et un tuba, je…

– Comme dans Le Grand Bleu, Nina. Tu plonges en apnée… Tu as raison, Nina, la précision du temps est importante ici, car plus d'air à respirer, il faut vite remonter.

– On continue, Hugo ?

– J'adore !

– Si je veux que mon courrier parte à l'heure, je vais surveiller l'heure de…

– …la levée. Je connais ce mot, car mon grand-père était facteur.

– Alors, ça tombe bien, le facteur passe toujours à la même heure lorsqu'il fait sa…

– …sa… euh… sa… sa… sa tournée en vélo ! crie Hugo si fort que toute la salle aux mille voix répète en boucle : tournée… tournée… tournée… tournée…

– Stop, intervient monsieur Troglo-temps. Un peu de silence ici, s'il vous plaît ! Reprenez, Nina !

Mais Hugo regarde l'horloge qui s'efface tout doucement. Plus de repère de temps... Il s'inquiète mais Nina le rassure et lui glisse à l'oreille :

– Maintenant tu vas devoir faire appel à ton imagination !

– Hugo, encore un petit effort, s'il te plaît. Ferme tes yeux et essaie d'imaginer la scène. Si elle est bien réelle, alors tu pourras mettre un *e* à tous les mots que je vais te chuchoter doucement pour que tu aies le temps de bien visualiser. Tu es prêt ?

– Je suis prêt !

« bouée »

Et à cet instant, des quantités de mots virevoltent autour de lui.

Hugo entend : *la bouée*, oui je lui mets un e, *la poignée*, oui je la touche, *la purée*, oui je peux la toucher et la manger, *la pâtée* du chien, oui elle est bien réelle.

– Et plus compliqué, maintenant, prévient Troglo-temps.

– La *coulée* de lave, je peux la voir, je mets un e, *la flambée*, oui, oui un e, la *bonté*... ?

Euh, la *bonté*... ? Hugo lève les yeux et réfléchit à toute vitesse. Il répond :

– Non, pas de *e*, c'est une sorte de ressenti, comme un sentiment, je ne peux pas la toucher, dit-il très fier de lui.

– Exact, Hugo ! Bravo !

– La *fumée* ? reprend Nina.

– Oui, je peux la voir, comme la *cheminée*, d'ailleurs, signale Hugo.

D'un coup, il stoppe le jeu. Il regarde Troglo-temps et lui dit :

– Et toi qui connais le secret, comment fais-tu pour l'idé... ?

– L'*idée* ? Je la vois dans ma tête, je mets un *e*, et la *pensée*, elle aussi elle est dans ma tête mais je peux également la trouver dans mon jardin.

Un temps de silence s'installe. Hugo comprend ce que veut dire Troglo-temps.

– D'accord, d'accord... On recommence alors.

Et le jeu reprend de plus belle !

– La *bolée* de cidre ?

– Oui, elle est réelle.

– La *becquée* ?

– Oui, oui, l'oisillon l'attend avec impatience, répond Hugo.

– Stop, Hugo ! Une dernière petite chose très importante, lui précise Troglo-temps. Que fais-tu si tu dois écrire *la saleté*... ?

En dix secondes même pas, Hugo a compris.

– Piège !

– Pourquoi piège ?

– Parce que la saleté, je peux la voir, mais je ne dois pas y toucher !!

Hugo éclate de rire, Nina sautille comme une puce et Troglo-temps n'a pas le réflexe de stopper l'écho. Alors la salle aux mille voix reprend en chœur : *la saleté... é, la saleté... é !!!*

89

Hugo et Nina sont assis sur le petit banc de pierre. Hugo décide d'avancer un peu. Il sort donc de la pièce qui ressemble à un œuf et là, stupéfaction de nouveau ! Il se retrouve dans une autre pièce qui semble avoir été taillée dans la craie. Mais qui a bien pu faire un tel travail ? Tous les murs sont sculptés, tout est d'une beauté surprenante !

– Nina, viens voir comme c'est beau...

Elle connaît déjà cet endroit et, tout en s'approchant d'Hugo, lui dit ceci :

– C'est l'œuvre d'un homme. C'est de l'art ! C'est ton cadeau.

– Nina, avec toi, tout ce qui me semble compliqué devient simple.

– N'oublie pas que je suis une fée, Hugo.

Tout en longeant la galerie sculptée, elle continue de lui parler doucement.

– Tu vois bien, Hugo, que pour écrire, il faut réfléchir et s'arrêter en se posant les bonnes questions. Quelquefois c'est simple, il suffit de faire un tout petit effort. Si c'est toi qui cherches, tu mémoriseras mieux.

– Maintenant que je te connais bien, Nina, et que tu me fais progresser, je suis prêt à apprendre des choses par cœur.

– Hugo, ça me fait très plaisir, nous en reparlerons dans quelque temps. Mais tu n'entends pas quelque chose ?

– On dirait que cela frappe au-dessus de notre tête. Qui est-ce ?

– Éclador qui s'impatiente, je pense, dit Nina. Allez, en route, Hugo !

Tout en remontant vers la lumière du jour, Nina semble chercher quelque chose et tapote sa baguette. Hugo pense immédiatement à sa récompense. Que va-t-elle lui offrir maintenant ?

Nina lui dit ceci :

– Ta rencontre avec Troglo-temps vaut bien une récompense. Cette plume me vient d'un couple de hérons qui vit près d'ici, ils te remettent la plume la plus douce qui soit. Passe ton doigt et sens comme elle est agréable. Elle t'aidera à te souvenir que les mots précédés de *la* et se terminant en *é* prennent un *e* quand tu peux les voir, les toucher.

Nina et Hugo regagnent la cour de la ferme troglodyte. Éclador les y attend tranquillement. D'un bond, Hugo s'installe sur son dos. Nina s'approche et lui dit :

– Et la *dictée,* Hugo !

– Celle-là, ne m'en parle pas ! Je peux la toucher, ah ça oui !!! Avant de te rencontrer, j'en ai fait des boules de papier froissé, des confettis quelquefois, et je les ai jetés dans la cheminée... *ée* !!!!!!!!!!!!!!

Hugo tient la plume dans sa main, mais il a très envie de poser une question à Nina :

– Pourquoi une plume, Nina ?

– Rappelle-toi, Hugo, autrefois, les plumes trempées dans un encrier servaient pour écrire. Aujourd'hui on parle encore de stylo-plume, cela a donc un rapport avec l'écriture.

Il se souvient d'avoir lu un livre de pirates. Le chef traçait, grâce à une plume d'oie, la carte secrète indiquant l'emplacement de son trésor. Il rêve de nouvelles aventures...

Nina a donné une simple petite tape sur l'arrière-train d'Éclador, et ils se sont envolés.

✎ Toute la matiné[e], Hugo a cherché la clef du roi ÊTRE. Ce n'est que dans la soiré[e] qu'il l'a retrouvée.

☆ Toute la matinée, Hugo a cherché la clef du roi ÊTRE. Ce n'est que dans la soirée qu'il l'a retrouvée.

✎ La dureté[e] du roi AVOIR laisse parfois Hugo songeur, mais cela n'entame pas la gaieté[e] de notre petit héros.

☆ La dureté du roi AVOIR laisse parfois Hugo songeur, mais cela n'entame pas la gaieté de notre petit héros.

✎ Lorsqu'il y a bataille entre le roi ÊTRE et le roi AVOIR, ils sortent chacun leur épé[e] magique. Mais c'est toujours le roi ÊTRE qui gagne.

☆ Lorsqu'il y a bataille entre le roi ÊTRE et le roi AVOIR, ils sortent chacun leur épée magique. Mais c'est toujours le roi ÊTRE qui gagne.

✎ Hugo a faim et rêve de manger de la puré[e], mais une poêlé[e] de pommes de terre est déjà prête.

☆ Hugo a faim et rêve de manger de la purée, mais une poêlée de pommes de terre est déjà prête.

✎ Il aime sortir dans le jardin regarder la rosé[e] du matin.

☆ Il aime sortir dans le jardin regarder la rosée du matin.

✎ La pureté[e] de l'eau de la rivière nous permet d'admirer des poissons argentés. La nécessité[e] de garder la planète propre s'impose.

☆ La pureté de l'eau de la rivière nous permet d'admirer des poissons argentés. La nécessité de garder la planète propre s'impose.

L'ultime récompense

Nina, agile, saute sur son étagère favorite et s'assoit à côté du coffret aux lettres d'or. Elle balance ses pieds dans le vide.

– Hugo, tu es un garçon formidable. Si tu savais comme je suis heureuse d'avoir pu t'aider. D'ailleurs, voici ta dernière récompense.

Elle ouvre délicatement une petite mallette posée sur ses genoux.

– Voici pour toi, Hugo ! C'est à toi maintenant d'aider les autres. Joue avec tes camarades de classe, apprends-leur tout ce que tu sais. Sautez le mur ! Criez bataille ! Jouez à cache-cache tous ensemble et tu verras, ça marche !

Le jour où tu penseras pouvoir dévoiler aussi ton secret à ta maîtresse, alors ce jour-là, tu seras prêt à faire une belle démonstration devant toute ta classe.

Pour moi, ma mission continue. La forêt des mots est immense, je ne t'oublierai jamais !

Hugo est pétrifié. Il sent que Nina va lui dire adieu. Alors il prend les devants pour paraître plus fort.

– Nina, si je trouve des astuces, des trucs en plus, tu pourras revenir pour m'aider à vérifier si ça marche aussi ?

– Bien entendu, Hugo. Je ne serai jamais très loin. Garde précieusement tout ton savoir en l'utilisant chaque jour qui passe. J'ai confiance en toi ! Nous nous reverrons, je te le promets.

– Quand, Nina ?

– Le jour où tu auras, toi aussi, inventé quelque chose qui viendra en aide aux enfants. Ce jour-là, je serai à tes côtés, je validerai tes trouvailles et nous porterons ensemble un magnifique projet. Celui dont tous les enfants rêvent avant de s'endormir. Nous inventerons l'école du bonheur !

– Ah, c'est chouette comme idée ! Nina, tu vas me manquer.

– Hugo, pas si tu te mets au travail. Regarde dans la mallette.

Hugo s'en empare, la pose sur son lit tout en tournant le dos à Nina. Il en retire une sorte de roue, avec plein de couleurs. Il la regarde de plus près.

Il a compris. C'est la roue des mots. Il y trouve **jamais, encore, parmi**... puis, plus rien.

Il se retourne vers Nina, mais elle a disparu.

Hugo n'est pas triste. Sa curiosité l'emporte et il se met à chercher d'autres mots pour compléter la roue.

– À table, Hugo !

– J'arrive tout de suite...

Il dévale les escaliers avec la ferme intention de continuer ses recherches. Il est malin, Hugo ! Il a deviné ce que voulait Nina.

La gentille fée Nina t'offre, à toi aussi, les clefs du succès.

Découpe le mur magique pour t'aider à passer l'obstacle des accords difficiles, amuse-toi avec les rubriques « À toi de gagner » et découpe la récompense que tu mérites.
Elle te servira de décoration !

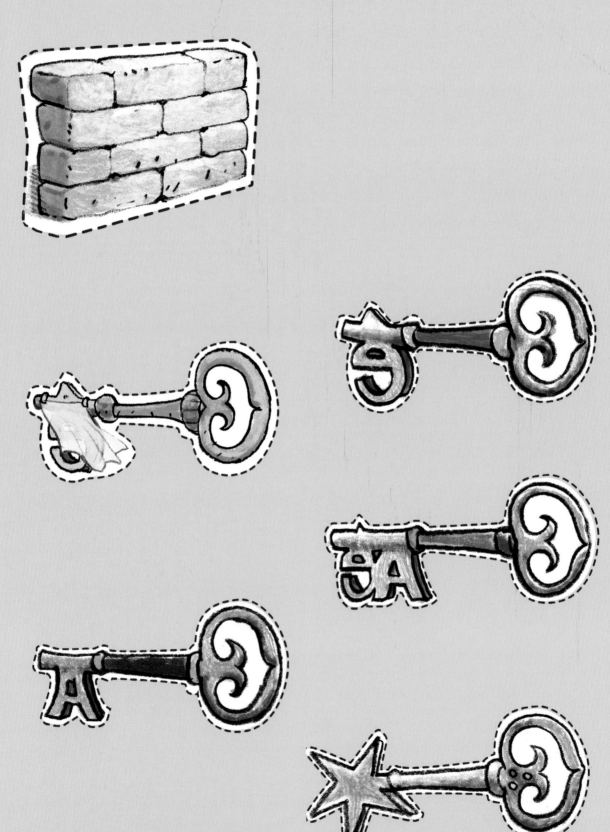

N° Editeur : 10239090 - Dépôt légal : septembre 2017
Imprimé en France par Loire Offset Titoulet à Saint-Etienne

Accompagnez votre enfant dans son apprentissage avec les ouvrages d'Anne-Marie Gaignard

Les premiers cahiers parents-enfants pour ne plus faire de fautes. Des activités concrètes et ludiques pour relever les défis de l'orthographe et apprendre autrement.

Cahier 1
Je sais conjuguer les verbes

Cahier 2
Je sais accorder Être et Avoir

Cahier 3
J'écris les mots courants sans fautes

La Roue des mots difficiles

Une roue à manipuler et un cahier d'activités pour mémoriser l'orthographe des mots invariables

Hugo et les secrets de la mémoire

Comment mémoriser facilement et durablement ? Avec cette méthode révolutionnaire basée sur les neuro-apprentissages, votre enfant retrouvera le goût et le plaisir d'apprendre. En mêlant fiction et pédagogie, Anne-Marie Gaignard livre des outils efficaces pour apprendre à apprendre par cœur et reprendre confiance.

En savoir plus sur : www.lerobert.com/hugo

Retrouvez la méthode intégrale en livre numérique interactif, animé et sonorisé ...